El abrazo de los abuelos

Teresa Pont Amenós

El abrazo de los abuelos

Desde la experiencia y el amor

herder

Diseño de portada: Purpleprint creative

© 2022, Teresa Pont Amenós
© 2023, Herder Editorial, S.L., Barcelona

ISBN: 978-84-254-5016-7

Imprenta: Qpprint
Depósito legal: B- 3.592-2023
Printed in Spain - Impreso en España

herder

Índice

A mis nietos Jan, Aitana, Pau y Paola

PRÓLOGO

A través de este libro la autora no solo regala un abrazo para los
nietos —como pudiera desprenderse del título—, sino un catá-
logo de abrazos, consejos y experiencias para toda la familia,
para todas las edades. Bebés, niños, adolescentes, adultos y mayores son los destinatarios de sus reflexiones, receptores todos
de las recomendaciones de comprensión, confianza, respeto y
positividad que exudan estas letras. Estos valores serán los elementos clave en todas las etapas de la vida para alcanzar el equilibrio emocional necesario que nos permita afrontar los contra-
tiempos que, como no puede ser de otra manera, acabaremos
encontrando.

Escrito desde la experiencia, la honestidad y la ternura, Teresa Pont parte de su visión actual como abuela para transmitir
una serie de «recetas» vitales y así mejorar nuestras vidas con el
objeto de superar obstáculos anímicos, familiares o sociales. Su
larga trayectoria como psicóloga complementa su bagaje personal con el conocimiento intelectual y clínico necesario para
guiarnos en la búsqueda de esa felicidad que todos anhelamos.
Esa felicidad que siempre será relativa, personal y subjetiva, distinta para cada uno, aunque ansiada por todos.

No puedo dejar escapar la oportunidad de mencionar mi
conexión con el espíritu que transmiten las páginas escritas por
Teresa —también por mi condición de abuela (aunque a mí me
llamen Oma) y por mi trayectoria académica y profesional—,
puesto que expone algo común a muchas madres: su pesar por

no haber podido dedicar a sus hijos todo el tiempo que le hubiera gustado. Lo llama *síndrome de la madre imperfecta,* y esa «imperfección» humaniza aún más, si cabe, su relato, pues muestra su intención de reparar esa ausencia mediante su dedicación a los nietos. Aquí encontramos una de las claves del libro: la reparación. Comparto con Teresa esa idea de sentimiento de culpa por no haber dispuesto del tiempo de otra manera, por no haber tomado —quizá— otras decisiones. Esos hijos, que ahora son mayores y a su vez padres, se enfrentan a sus propios retos y dificultades y probablemente entiendan mejor esas circunstancias de las que habla. Cuando perjudicamos a alguien a quien queremos, cuando socialmente creemos que no hemos actuado bien, hemos de tener la oportunidad de compensar ese perjuicio. Si lo hacemos, aligeraremos el peso de la negatividad, revitalizaremos nuestra vida y saldrá reforzada nuestra estabilidad. No hay nada mejor que reconocer nuestros errores y, en la medida de lo posible, reparar el daño causado.

Mi opción por la justicia restaurativa es de sobra conocida y a ella he dedicado buena parte de mi trayectoria académica. A través de la reparación del daño, de la comprensión, de la empatía y del respeto se mejoran las relaciones humanas, conceptos todos ellos que impregnan el relato de Teresa Pont.

La autora parte del vacío relacional que causó la pandemia de la COVID-19 para abordar diversas cuestiones emocionales comunes a todos en las diferentes etapas de la vida. Negar los sentimientos, esconder las emociones, superar los miedos y las pérdidas emocionales o dudar de nuestra capacidad son algunas de las situaciones que Teresa focaliza para establecer pautas de crecimiento personal.

La pandemia está siendo muy dura: hemos perdido a muchos seres queridos, hemos padecido la enfermedad, hemos sentido cuán frágil es nuestra existencia y hemos deseado como nunca volver a esa «normalidad» que hasta entonces parecíamos no haber apreciado. Ha sido como si, de repente, tomásemos conciencia colectiva de la delicadeza de nuestras vidas.

En este contexto, Teresa Pont transmite un abrazo a la vida con deseos de generar cambios, de estimular mentes abiertas y libres, de dar valor a la palabra y a la comunicación, con respeto a la individualidad y animando a la socialización. Las páginas de este libro están, pues, llenas de energía positiva, de reflexiones y consejos útiles fruto de una vida dedicada a mejorar el tránsito emocional de las personas. Depresión, ansiedad, tristeza, ira o celos son sentimientos a los que todos nos enfrentaremos alguna vez. Recetar comprensión, diálogo, confianza o flexibilidad dota a la autora de una humanidad rebosante de empatía.

No querría acabar sin mencionar una cita que ella utiliza en su texto y que, pienso, ejemplifica bien lo que quiere transmitir. Es la necesidad de «hablar con el que está en desacuerdo con nosotros, no para convencerlo, sino para entenderlo y para que nos entienda». Finalmente, tampoco estaría mal seguir el consejo de Juan Ramón Jiménez, citado por la autora: *El día no es un día de la vida: es la vida.*

Esther Giménez Salinas
Síndica de greuges de Catalunya

INTRODUCCIÓN

Los abuelos solemos ocupar un lugar privilegiado en la vida de los nietos. Y, de alguna manera, con nuestro amor, conocimiento y experiencia personal (muchas veces incluso sin darnos mucha cuenta), les transmitimos una forma de estar y de vivir en sociedad. Nuestro objetivo común es el deseo de poder ayudarlos a ser más felices.

Este libro se concibió en un momento de mi vida que coincidió con un forzoso confinamiento social por motivos de salud: la pandemia de la COVID-19. La limitación para poder ver y estar en contacto directo con mis nietos, como era habitual, estimuló mi deseo de escribir para ellos algunos textos, como los que a continuación comparto con ustedes, estimados lectores (y con razón se dice que es con las pérdidas cuando más se valora lo que se tiene). Tuve el deseo de hacerles llegar unos valores que considero esenciales para mí. En relación con ello, mi principal motivación al escribirlos ha sido tratar de transmitir, con cariño, una experiencia vital —de lo que para mí ha resultado útil y valioso en la vida— que pueda ayudar no solo a los nietos o a la generación de nuestros jóvenes, sino también a las personas que, como yo, han sido a su vez, o son, hijos, padres, tíos, primos, educadores, alumnos, etc., y que forman parte de la vida a través de las distintas etapas por las que están pasando.

Estoy segura de que el lector se verá reflejado en muchos de los aspectos a los que me referiré, puesto que, como seres humanos, están en todos nosotros y nos acompañan continuamente interpelándonos en lo más profundo. Ser feliz acostumbra a ser un objetivo principal en la vida. Todos buscamos la felicidad. Sin embargo, se suele tener la falsa creencia de que es un estado absoluto, total, que debe alcanzarse y que, una vez logrado, ya se tiene para siempre. Pero, en realidad, no sabemos muy bien qué es la felicidad ni dónde está. La tenemos idealizada cuando la entendemos como no sufrir, como la ausencia de malestar, de frustración, de irritación. Pero vivir no consiste en eso, porque en la vida, junto a los momentos agradables y felices, también hay momentos de sufrimiento. Y eso nos frustra mucho. Nos damos cuenta de que nada es para siempre, de que todo es movimiento, fluctuación y cambio. Se dice que la vida es como un río, donde el agua fluye y nunca pasa por el mismo lugar; el río permanece, pero el agua se mueve. Nuestro recorrido personal es una experiencia única e intransferible, a pesar de las vicisitudes. Nadie lo puede vivir por nosotros. Forma parte de cada uno y se modifica con los diferentes cambios que experimentamos, que inevitablemente también nos transforman y nos hacen ir aprendiendo.

Hablar de felicidad es entenderla como algo relativo, personal y subjetivo, porque cada persona es única. Cada cual la vive de forma diferente, dependiendo de sus experiencias personales. Así, para un niño pequeño, la felicidad son los momentos en los que llega a su casa, junto a sus padres, y los abrazos que recibe y da. Es un sentimiento de placer, satisfacción y felicidad. Para un adolescente puede ser cuando se queda largas horas charlando y bromeando con sus amigos sobre los temas que le interesan; para un joven, salir con su grupo, bailar, tuitear, ligar o tener como pareja a alguien que le gusta mucho. Para un adulto, cuando nacen sus hijos, cuando disfruta de su familia, cuando lee un buen libro, asiste a un concierto, viaja con amigos o está contento con su trabajo. Para un anciano, la felicidad puede consistir en estar con sus nietos, disfrutar hablando con ellos, recordar los buenos momentos pasados con gente querida y sentirse bien cuando los suyos lo visitan o se preocupan por lo que le pasa.

Asimismo, los momentos de felicidad pueden ser diferentes para cada niño, adolescente, joven, adulto y anciano, pues del mismo modo que a muchos les apasiona escribir, leer, escuchar música, dibujar o pintar, otros prefieren escuchar ópera o ver la televisión, mientras que a otros lo que más les gusta es ver documentales históricos o de naturaleza, o viajar. En otro orden de cosas, a unos les gustan las *cookies* con leche, mientras que otros prefieren disfrutar de pan con tomate y jamón. ¡Y seguro que a muchos les gustan estas y otras cosas más!

Las emociones positivas están ligadas al pasado (recuerdos vividos con placer), al futuro (a través de sentimientos de esperanza, optimismo o confianza en la calidad de vida que se tendrá) y, sobre todo, al presente (con los cinco sentidos concentrados en el ahora y con lo que nos interesa y nos hace disfrutar en ese ínterin). En relación con el pasado, los abuelos probablemente tengamos experiencias de todo tipo con nuestros nietos, desde pasar a recogerlos al salir de la escuela y llevarlos a casa disfrutando de la conversación y de la merienda, hasta jugar con ellos a multitud de cosas: al escondite, al pilla-pilla, a hacer teatro, a cocinitas o restaurantes, a hacer experimentos con plastilina o barro, «a la persecución de hienas» o al rey León —¡incluso corriendo por toda la casa!—, pasando por pintar juntos, cantar, contar y explicar chistes, «jugar con las palabras» (¡a veces con palabrotas! A ver quién sabe más...). Y una misma, y sin apenas imaginarlo, se convierte de repente en una niña pequeña más cuando se olvida de su edad cronológica y se esconde bajo una mesa, tras una puerta o, «a grito pelao» y con «gallos», se pone a cantar con los nietos: «Valencia es la tierra de las flores, de la luz y del color...», dando vueltas por el salón para que no se la pille. También disfrutamos con ellos siguiendo algunas costumbres y tradiciones. En Cataluña tenemos una que consiste en ir a una representación teatral conocida como *Els Pastorets* en las fiestas de Navidad y también admirar las lucecitas de noche por el centro de Barcelona, que, como otros muchos, son rituales tradicionales familiares que suelen proporcionar placer por el hecho de que abuelos y nietos compartan esos momentos felices. Por otra parte, la felicidad puede ser una fuerza potencial si, a su vez, nos impulsa a mantener un interés permanente por lo nuevo, lo que está por descubrir, siendo esta búsqueda algo que nos puede acercar más a ella. Desde otro punto de vista, cuando tratamos de visualizar situaciones futuras inciertas, la felicidad puede contribuir a que las vivamos de manera positiva. Si imaginarnos allí nos resulta agradable (como si fuera una película), eso coadyuva a fomentar una actitud favorable y receptiva que nos va preparando para esos momentos aún por llegar. En el presente, la felicidad estará ligada a que demos más peso y dirijamos una mirada atenta hacia lo que realmente nos importa, nos agrada más y nos hace sentir bien, así como a que tratemos de no dejarnos invadir por lo que nos haga sentir negatividad impidiendo que esta nos envuelva, sin poder ver otras cosas. Siempre será crucial no perder de vista lo importante que es caminar a nuestro paso, a nuestra manera y con nuestros propios y cómodos zapatos. ¡Y no olvidar nunca que tenemos todo el derecho y el deber de ser felices en nuestra vida!

PRIMERA PARTE
LAS ETAPAS DE LA VIDA

1. La familia

Los vínculos familiares satisfactorios resultan importantes para el bienestar personal. Aunque actualmente existen diversos tipos de familia, un ambiente de contención, seguridad y protección en todos ellos, donde se fomenten las propias responsabilidades, el conocimiento y respeto de las necesidades de cada uno y el deseo de cuidar y reparar, genera una experiencia vital satisfactoria.

Y se da por hecho que, para ese bienestar, en todas las familias se planifican y organizan entre sus miembros los posibles horarios, actividades y responsabilidades en el hogar como necesidades básicas para la convivencia cotidiana. Pero esta no se produce de forma espontánea. Es una especie de trabajo que requiere del esfuerzo diario de todos para que resulte gratificante, porque no siempre es fácil gestionar un ambiente suficientemente grato de apego, confianza y unión. Para lograrlo, ese referente debe ser entendido por todos como un verdadero compromiso, como lo es acudir a la escuela, ir al médico o al trabajo.

Convivir en familia requiere que se mantenga una buena comunicación entre todos los miembros. Quizá no resulte suficiente mantener charlas cotidianas durante las comidas alrededor de una mesa, si bien suele ser lo más habitual. Existen otras vías de encuentro como, por ejemplo, cuando viajamos juntos en coche de un sitio a otro. Este es un espacio propicio para poder mantener una comunicación distendida que nos permita continuar estando al día de las diversas vicisitudes que nos suceden cuando no estamos juntos. Otras pueden ser cuando recogemos a los niños o bien llegan a casa después del horario escolar; cuando nos reencontramos después de una fiesta, de unas convivencias escolares y podemos charlar al respecto; el ratito que transcurre mientras acompañamos a nuestros hijos al médico o cuando, como abuelos, nos quedamos a su cuidado y hacemos de canguros supliendo a sus padres. Es decir, cuando sea necesario y siempre que los distintos encuentros estén basados en el diálogo, en estar juntos y, sobre todo, en sentirnos unidos. Para ello es esencial conocernos todos bien, cosa que realmente supone poder estar tiempo en familia. De ahí la importancia de buscar un espacio propio para la convivencia familiar.

Sin embargo, hoy en día la calidad de esta convivencia muchas veces se ve afectada por factores externos que quitan espacio al encuentro mutuo, en particular por las redes sociales, más allá de tratar de acotar el tiempo que los pequeños y adolescentes destinan a los dispositivos móviles. Pero, más que hacer hincapié en la cantidad de tiempo del que se dispone, quisiera hacer énfasis en la calidad de ese tiempo. Calidad que no es la que presuponemos ideal, sino más bien la real y posible, pero auténtica, esto es, aquella en la que aprovechamos para contactar emocional y afectivamente con el otro, acercándonos más, con la intensidad y riqueza que implican la convivencia e interacción mutua, que es lo que realmente cuenta. En general, durante el encuentro que conlleva la relación familiar (que a ratos puede ser dual —con uno solo de los miembros—, triangular, grupal o con todos) es importante poder hablar sobre los temas que tenemos en común o que nos interesan, pero sin olvidar los asuntos que puedan afectar a uno solo de sus miembros.

Se entiende por «pensar juntos» la posibilidad de poder comunicar (dar y también recibir) nuestros pensamientos, actos y emociones, siendo receptivos hacia los de los otros convivientes familiares. Tratar de pensar juntos cómo resolver un problema en un clima de confianza ayuda a que quien lo sufre pueda sentirse acompañado para afrontarlo y con más fuerza que si lo enfoca totalmente solo. De esa forma se efectúa un aprendizaje familiar positivo que nos hace crecer. La comunicación se hace necesaria para poder tener a todos en cuenta con el fin de lograr que lo que se acuerde resulte suficientemente satisfactorio para todos o, al menos, para la mayoría (ya que algunas veces es uno el que ha de ceder y, en otros momentos, otros).

Aparte de tratar de compartir y respetar nuestros hábitos y costumbres familiares y aquellas actividades que generan placer, lo que, a mi parecer, resulta verdaderamente esencial es poder conocer a cada uno tal y como es, o sea, su manera de ser. Saber cuáles son los diferentes gustos, preferencias, qué nos molesta, sus *hobbies,* las materias en sintonía, los temas, situaciones o momentos en los que podemos llegar a rivalizar o a enojarnos. Es bueno saber esto porque de ese modo también podremos prever y manejar lo que ocurra de forma distinta. Por ello, a los abuelos nos suele gustar mucho conocer personalmente a los amigos de nuestros hijos y nietos. Es una manera de identificarlos, de averiguar cómo es cada cual (descifrando los pormenores de lo que nos cuentan sobre ellos) y, a su vez, otra forma de conocer en profundidad a nuestros propios hijos y nietos, lo que ellos comparten y cómo es su vida.

El respeto por los espacios comunes es básico para la convivencia familiar. Por lo general, los conflictos se ocasionan cuando estos espacios, a pesar de estar presentes, resultan poco claros u ordenados. El orden no solo ha de hallarse en aspectos concretos o en las prácticas cotidianas (limpieza, ropa, rutinas relacionadas con las comidas, etc.), sino en la propia vida, acciones y actividades (sin olvidar acotar el tiempo dedicado a los móviles). Es el orden justamente el que permite a los distintos miembros de la familia sentirse respetados en su espacio personal y, a su vez, ser respetuosos con los espacios y pertenencias de los demás. Esto también puede aplicarse al propio espacio íntimo, de modo que cada uno se exprese a su manera, a su tiempo y con su forma y estilo. La intimidad es una necesidad humana básica y ocupa un lugar central en la vida de todos. De hecho, muchas de las perturbaciones de la vida cotidiana de las familias están relacionadas cuando se quiere atribuir al otro un sentimiento que creemos conocer con frases del tipo: «Ya sé cómo te sientes», «estás mal por *tal* cosa», «te pasa lo de siempre», «sé lo que estás haciendo»… Es como si con ello se diera por sentada la existencia de un pensamiento «único» por el que uno adivina lo que le pasa o piensa otro, anulando así la necesidad de verbalizarlo.

En ocasiones, y como resultado de lo anterior, nos cuesta poder soportar lo que no es compartible, ni hoy ni nunca, de cada ser humano, porque cada cual tiene su intimidad, que expresa solo si desea hacerlo. De esto se suele derivar un conflicto importante para la creación de la «zona de encuentro», que es crucial entre las personas para que podamos llegar a entendernos. Y para que en nuestro interior sintamos que disponemos de un verdadero espacio propio al estar junto a los demás, en primer lugar hemos de poder reconocerlo nosotros y decir lo que sentimos o pensamos con el fin de asegurarlo, y esto conduce a un verdadero empoderamiento personal. Cuando sentimos que tenemos nuestro espacio bien definido y respetado, la competitividad o los celos pasan a un segundo plano. Los celos, naturales en los humanos, se pueden reavivar si con anterioridad nos hemos sentido poco seguros y atacados en nuestro espacio personal y ocurre algo externo que moviliza intensamente aquellos sentimientos vividos. Es esencial que tanto padres como hijos respetemos profundamente la individualidad específica de cada uno con empatía, teniendo en cuenta el «lugar, espacio y tiempo» propios del otro, escuchando su pleno derecho a expresar sus gustos respecto de cómo desea arreglarse o decorar su habitación (muy especialmente, en la adolescencia).

Sin embargo, es natural que tengamos discusiones con nuestros hijos, quizás incluso acaloradas, y que estas sean particularmente frecuentes en temas relacionados con los límites,

la orientación, las predilecciones, las normas, las jerarquías...
Por eso es bueno transmitirles que es natural que haya diferencias, pues todos somos diferentes, y de ahí la necesidad de ser flexibles para salir ganando todos. La manera en que, específicamente los padres, manejemos la gestión de los conflictos reales dentro de la familia constituye un valioso ejemplo para que los hijos puedan aprender a encarar los suyos a lo largo de la vida. La mejor referencia para ellos siempre se basa en lo que hacemos los padres, en cómo lo hacemos, lo que pensamos, qué y cómo se lo decimos, nuestros estilos emocionales para afrontar las cosas, para gestionar y negociar los desacuerdos, entender la vida, etc., más allá de las explicaciones racionales que les podamos ofrecer y que, por lo general, son más secundarias. El paso del tiempo hará que los distintos miembros de la familia vayan desarrollando cada vez más independencia en las actividades que lleven a cabo con respecto al resto.

Los vínculos

Desde distintas ramas de la psicología, se ha investigado cómo lo que le pasa a uno de sus miembros afecta al funcionamiento grupal de la familia. Porque cada persona forma parte de esa estructura relacional colectiva de base que, sin que se vea o aprecie claramente, existe en la familia. En cierta medida, cada uno de nosotros se va configurando a nivel personal, de manera diferente, según los vínculos familiares que haya y que resultan tan significativos para nosotros. Se comprende a cada uno dentro de la organización característica de su propio grupo familiar. El énfasis en los vínculos, así como en la división o el reparto de roles o funciones respecto de estos, hace que en la familia coexistan distintos aspectos del sí-mismo (de cada uno) a través de los otros.

Como parte de las interrelaciones que se producen en el grupo familiar, muchas veces un miembro puede exponer con claridad lo que a otro le ha sucedido o ha padecido, o lo que este siente porque no puede o no se encuentra en condiciones de hacerlo él mismo (en las terapias de grupo, esto es muy útil). Los intercambios de papeles ayudan mucho a la comunicación de lo que le sucede a cada miembro. Escuchar, como si de un altavoz se tratase, lo que otro dice de mí y cómo lo dice sirve para atender otros matices de «lo propio» (y/o viceversa) desde una perspectiva diferente y más amplia que puede abrir nuestra mente y permitir aflorar recursos que todos llevamos dentro. Asimismo, sirve para poder sacar a la luz dinámicas de fondo que nos afectan y que repercuten en nuestra persona, aunque no nos demos cuenta.

Pensar e interaccionar juntos no quiere decir acatar un solo pensamiento, sino ponerlos todos en común para que deriven hacia algo más elaborado, consensuado y respetado por todos. Las diferencias entre todos a través de la comunicación del grupo pueden hacer que surjan nuevos y, probablemente también, más amplios puntos de vista o con distintos matices de los que teníamos con anterioridad (y sobre los que ni siquiera habíamos pensado). Un miembro del colectivo familiar, en un momento dado, puede ser el único capaz de expresar, mediante una verbalización abrupta y poco grata, una agresividad larvada en el grupo a causa, por ejemplo, de no haber podido expresarse un sufrimiento o malestar vivenciado de forma pasiva. Así, este miembro habla como embajador de todos los demás y puede exteriorizar, a modo de catarsis, lo que el familiar padece en el grupo. Y eso siempre es muy positivo. A partir de ahí se puede continuar hablando o tirando del hilo para pensar, entre todos, cómo resolver el problema familiar que se está dando como reflejo de las diferentes «voces» internas que cada uno tenemos. A veces uno de los integrantes del colectivo familiar se convierte en el chivo expiatorio de un conflicto en la dinámica familiar. Y la intensidad de lo que a él le sucede o el mal estado personal en que se puede ver sumido, a su pesar, pueden permanecer si no se enfocan o abordan suficientemente las posibles situaciones familiares significativas que hayan podido incidir en él. Porque quizá hasta ese momento no hayan podido salir a la luz ni encauzarse debidamente y, por tanto, en un futuro, tampoco podrían modificarse situaciones familiares similares.

Como refieren diversos expertos, cada uno de nosotros posee múltiples aspectos de funcionamiento personal que, en cierta manera, forman «un grupo»; algunos de ellos están ligados a la parte más sana de la personalidad y otros a la parte más enferma. Y eso también sucede en el seno del grupo familiar, entre sus distintos componentes. Por eso, es importante tomar conciencia de la existencia de determinados miembros que presentan diferentes niveles de funcionamiento psíquico: algunos de ellos más evolucionados y que se pueden conectar con los niveles más desarrollados del funcionamiento general familiar y otros que se conectan mejor con niveles más primitivos o menos elaborados o maduros.

Suelen ser funcionamientos siempre presentes en la vida de la familia que a veces se pueden dar más en un miembro que en otro y que se nos reactivan en condiciones particulares como, por ejemplo, en situaciones complicadas a nivel emocional o de un excesivo estrés. Alguien puede resultar el depresivo de la familia; otro, el «explosivo» o el que siempre «canta las cuarenta»; otro, el callado o el bueno que nunca dice nada y acata sin rechistar todo lo que se plantea; otro, el evasivo que se refugia en el aislamiento para evitar conflictos o ansiedad; también está el sufridor o angustiado que siempre es el que resuelve las papeletas de los demás; el «enfermo» cuyo sufrimiento somático o psíquico nos «habla» de otra manera, etc. Pero los roles pueden permanecer de un modo excesivamente rígido o inmodificable en cada uno si no tenemos en cuenta lo que supone funcionar en grupo.

Por otra parte, en la familia, a veces con un criterio erróneo de pretendida unidad deseada (otras veces, por dificultades de separación/individuación en su núcleo), se puede funcionar con una dinámica algo gregaria. Esta se caracteriza por un «todo es de todos, todo se debe compartir, da igual que esto sea de Pepe, no pasa nada, que lo utilice quien quiera...», sin que se tienda a favorecer la propiedad no solo de objetos (que tampoco tendría más importancia si se trata de algo ocasional), sino también en lo que se refiere al «espacio individual específico y bien diferenciado» de cada miembro. Sin darnos cuenta, a veces puede ningunearse o minimizarse la importancia de que el espacio propio quede bien definido, y ello es motivo de que surjan atropellos o colisiones entre los miembros (como, por ejemplo, querer hablar todos al mismo tiempo sin poder escucharse bien entre sí). Otras veces es necesario forzar o provocar discusiones aparatosas y explosivas como forma de tratar de encontrar o de rescatar el espacio individual que se ve amenazado. De ahí resultan dificultades en la comunicación que pueden crear confusión o poca claridad (no acabamos de manifestar claramente nuestra idea o sentimiento) o un excesivo simplismo o concretismo en la propia verbalización. También puede ocurrir que, finalmente, un miembro pueda optar por «rendirse» y se retire, inhibiendo su natural expresión verbal ante los demás (uno se frena, se recluye o se calla para no aumentar la beligerancia en la dinámica familiar, con la limitación que en su desarrollo personal esto le pueda ocasionar).

En situaciones similares, en mayor o menor medida y en todas las edades, podemos llegar a sentir que nuestra individualidad peligra debido a una ansiedad de «anulación o amenaza personal» (cuando el propio sí-mismo se siente en peligro). Eso es muy visible, por ejemplo, en niños que agreden, insultan o se aíslan cuando sus sentimientos no pueden ser plenamente reconocidos o manifestados adecuadamente. De ahí que lo que de verdad fomenta seguridad y confianza personal sea notar que los demás valoran y tienen en consideración lo que cada uno entiende como el propio espacio íntimo (y que muchas veces, más allá de nuestras opiniones o criterios, pasa también por objetos concretos o por pertenencias personales). Lo cierto es que con frecuencia somos poco sensibles y nos cuesta aceptar la existencia natural de diferencias en los miembros de nuestro grupo familiar (diferencias en cuanto a gustos, carácter, opiniones, etc.), que no por ser diferencias han de ser, forzosamente, inconvenientes para la relación. En ocasiones resulta un alivio poder hablar de los conflictos familiares con un especialista en la materia. Esto ayuda a poder entender, a desenredar el problema y a «repartir» entre los miembros aquellos aspectos de nosotros mismos que pueden resultar disruptivos, enfermizos o dañinos. Porque, sin darnos cuenta, podemos focalizar nuestros arrebatos en un solo familiar, con las nefastas repercusiones que ello comporta a este miembro, a los demás y al equilibrio del grupo. En este sentido, me gustó mucho la frase de la periodista Inma Sanchís que leí en un artículo de *La Vanguardia,* donde explicaba una anécdota (no recuerdo a quién entrevistaba) que yo aplicaría a la relación familiar. Decía algo así como: «¿Qué podemos hacer para mejorar el mundo?». Y el entrevistado le respondía, muy acertadamente: «Hablar con el que esté en desacuerdo con nosotros, no para convencerlo, sino para entenderlo y para que nos entienda».

2. El nacimiento y la niñez

Por regla general, un niño crece y se desarrolla en el marco de una familia y de un entorno social que lo envuelve y de los que, inevitablemente, recibe una poderosa influencia. Los padres le transfieren unos componentes genéticos, y su familia, además de afecto y amor, una serie de influencias que irán configurando su personalidad. Esta será su base esencial, el manantial de recursos que lo habilitará para vivir en sociedad.

Entre el nacimiento y los 3 años se da el período más activo de un acelerado crecimiento cerebral, gracias a la extraordinaria plasticidad y adaptabilidad que existe en el niño. Pero mucho antes de su concepción, el futuro hijo ya se está configurando en la mente de cada uno de los padres. Podría decirse que el bebé ya «existe» cuando es pensado o imaginado por ellos; así, todo lo que hace, primero como feto y después como bebé, se va inscribiendo en una trama de significación incluso antes de su nacimiento. Por ello, cada vez se da más importancia a las fantasías que tenemos los padres en torno al futuro hijo y que están basadas en nuestras propias expectativas, miedos, vivencias, anhelos, etc., relacionados con él. Investigaciones al respecto constatan que tales fantasías otorgan un significado esencial a su desarrollo y a su vida, y que son un ingrediente esencial en el desarrollo natural humano.

En relación con ello, hay estudios recientes que han verificado que las primeras experiencias que surgen desde la gestación intrauterina materna ya marcan determinadas huellas en el desarrollo de la personalidad. Ahora, gracias al avance de técnicas de registro y tratamiento de lo fisiológico (potenciales evocados, ecografías y otras), sabemos que el feto ya no es ese gran desconocido, pues nos revelan que la esencia principal del feto no solo es física, sino también mental, ya que se produce una extrema permeabilidad prenatal de lo emocional con lo fisiológico, cuya estimulación incide en que el cerebro fetal pueda memorizar e influenciar después de nacer.

Sin embargo, un niño solo se siente reconocido si otro, importante para él, lo reconoce y es capaz de entusiasmarse con los avances que, paulatinamente, va mostrando en sus manifestaciones expresivas, ya que la alegría con la que le dirigimos nuestra mirada y nuestra voz, la pasión y respuesta ante sus gorgoritos, ante sus primeros pasos, ante la gracia de sus expresiones y acciones y, en definitiva, ante todo lo que proviene de él, inciden en la configuración de su yo y en su vitalización. «Causo efectos en el otro, luego comienzo a sentir que soy y que el otro también es»: ahí reside la clave. A su vez, esto puede estimular el desarrollo de determinados factores de la personalidad que, a la larga, pueden devenir en patrones consistentes para el funcionamiento personal a lo largo de su vida (es ahí donde percibimos la enorme influencia del entorno familiar sobre el psiquismo humano).

De ahí que se deba tener cuidado con lo que podrían suponer unas proyecciones parentales excesivas hacia el niño, pues muchas veces son la expresión de los propios antecedentes inconscientes vividos y que todos llevamos dentro. Es bueno tomar conciencia de todo ello, ya que, de alguna forma, podremos tratar de transformarlo y darle la vuelta, en positivo. Hemos de estar atentos a que no sean proyecciones generalizadas sobre el niño, sino que tengan en cuenta su individualidad específica e idiosincrática, porque la distorsión de la realidad con posibles proyecciones dogmáticas, masivas o restrictivas por nuestra parte puede interferir y llegar a afectar una estabilidad personal global (especialmente si son de contenido negativo como, por

ejemplo, cuando se verbaliza y le hacemos saber que «es como
su padrino, aquel tío tan raro que, cuando se inquieta demasiado, es un "monstruo"», o que nunca hará nada bueno en la vida,
etc.).
Al inicio de la vida, la boca y todo lo oral componen una
zona básica vinculada a la alimentación, al afecto y a la comunicación. Junto con las manos, son la principal fuente de interés y
de exploración del mundo cuando somos bebés (chupar, emitir
sonidos, babear, succionar, morder, agarrar, tocar, meter el dedo,
etc.). Luego vendrá el gateo y el arrastre por el espacio que nos rodea; después los pies (¡sostenerse de pie es un gran hito!) nos
ayudarán a sentirnos fuertes, a tomar distancia del otro y a verlo
todo desde otras perspectivas (al acercarse a las cosas y alejarse de
ellas), pudiendo investigar, más ampliamente, el ambiente. Ad-
quirimos seguridad para caminar solos, movernos y contener
lo que surge de nuestro cuerpo (control de esfínteres). La marcha y el lenguaje son dos logros esenciales, puesto que nos otorgan autonomía, y al no sentirnos tan dependientes, ensanchamos
y profundizamos en nuestro mundo con la posibilidad de pro-
nunciar nuestros deseos y de hacernos entender mejor.

La atención, la concentración, la espera, la comprensión, el
razonamiento, etc., son las capacidades mentales necesarias a promover y estimular, permitiéndoles con ello asimilar las cosas para
que puedan pensar bien. Intentemos tener en cuenta unas condiciones saludables para evitar que sus pensamientos no estén
constreñidos, favoreciéndoles espacios más pausados para su
atención. Porque si esta atención fuera de modo habitual fugaz
o muy acelerada, sus pensamientos y experiencias tendrían un
carácter frágil o quebradizo, lo que empobrecería sus capacidades intelectivas (riesgo de generar pensamientos múltiples que
se superpongan o estén excesivamente comprimidos, ya que el
pensamiento no podría organizarse bien y esto podría generar
una patología mental).

Al principio, la imitación nos permitirá pasar de lo más sen-
sitivo-corporal a lo mental. Los niños adoptan gestos, hablan

«como», hacen «como si» y «calcan» directamente en presencia del modelo al que copian.

Se da una primera identificación mimética con el otro, tipo espejo, que nos hace estar muy pendientes y atrapados en lo más inmediato, concreto y cercano, y por ello se funciona de manera plana, siendo el registro de la memoria aún frágil y poco consistente, por lo que se requiere repetir las experiencias para adquirir una noción interior de los recuerdos que sea consistente.

El popular chupete, peluches como el típico osito, mascotas que puedan tener y llevarse consigo, los cuentos que se leen una y otra vez (ya que la repetición sirve para asegurar y reforzar dentro de uno el recuerdo de lo grato y del final que siempre es feliz), los dibujos que ayudan a sacar fuera de uno fantasías de todo tipo atenuando temores y favoreciendo el contacto con la realidad cotidiana que nos rodea (como la casa, que representa nuestro hogar seguro, o los familiares más significativos de nuestra vida, que también se plasman y recrean) y las canciones infantiles que se repiten con placer, entre muchos otros, hacen de mediadores y atenuantes ante el miedo a la oscuridad, que verifica que realmente uno está solo. Son situaciones que nos remiten al extremismo propio del todo o nada de la primera niñez (cuando el cerebro reptiliano, más primitivo y aún sin desarrollar, nos juega malas pasadas y, a la mínima, nos hace sentir en peligro, fomentando la dependencia de nuestras figuras cuidadoras y de crianza).

Y con todos sus aprendizajes, el niño va sintiendo que la madre no es el centro del mundo. Hay otros que también ocupan su lugar y con ello se estimula más su sociabilidad. Progresivamente, en la identificación secundaria, se va dando una toma de distancia respecto del otro que indica que «se va soltando» del enganche «cuerpo a cuerpo» materno, necesario para vivir. La toma de distancia le permite ver el mundo con mayor perspectiva. Aunque sea capaz de imitarlo en su ausencia, a nivel imaginario ya lo va teniendo presente en sus actos y le irá llevando a una identificación más elaborada, por la que será capaz de interiorizar y de practicar, en su interior, características (actitudes, tendencias, etc.) de posibles individuos que serán importantes para él. De ahí que se incorporen gustos, aficiones, ambiciones, valores, etc., como los que ha podido apreciar en su papá, en su tía (a la que valora mucho) o en su maestro (en el que confía): «Me gusta tocar el violín como veía que lo hacía él»; «pinto porque disfrutaba viendo cómo pintaba ella»; «soy trabajadora porque lo he vivido en mi familia»; «miento porque lo he "mamado" de pequeño», etc.

Lo dual del piel con piel materno o cuerpo a cuerpo se transforma, y lo triangular, que representa «al tercero», al espacio «entre» dos siempre presente en la vida, se expresa a través del lenguaje, del juego con símbolos y del interés y la curiosidad por todo, esenciales para evolucionar. La estimulación ambiental potenciará la capacidad innata de cada niño, que se irá humanizando a través de la maduración y del sucesivo aprendizaje que le permitirá diversas identificaciones sociales.

Las repetidas experiencias de ser alimentado y querido dan lugar al firme establecimiento interno del otro como un ser suficientemente bueno y confiable. Esta regularidad y la continuidad potencian el sentimiento de permanencia básica y de estabilidad que se necesitan, la noción esencial de que el otro, de una u otra manera, siempre está ahí (a nuestro lado). Esto es muy importante para afrontar el vaivén de dificultades que tendremos que vivir, especialmente en los momentos de crisis o estrés excesivo.

En el desarrollo evolutivo se dará una serie progresiva de cambios cualitativos en continuidad, hacia delante y hacia atrás. Es un proceso dinámico, flexible y plástico en el que cada niño tiene un ritmo y un estilo propios que hacen que a veces uno pueda avanzar mucho en unos aspectos y poco en otros, o muy rápidamente mientras que en otros momentos parece que se estanca. Cada nueva experiencia será vivida de forma diferente respecto de las anteriores, y a su vez otra nueva influirá inevitablemente en las siguientes. Estas experiencias se podrán transformar en cada uno de los nuevos contactos sociales que iremos teniendo a lo largo del tiempo si estamos receptivos a estimular y a promover cambios significativos en nuestras relaciones cercanas y de apego. De ahí lo crucial de que las figuras cuidadoras tengan un acceso mental y emocional flexible en la mayor parte de las experiencias con los niños (que potencien el sentimiento de «encajar juntos», porque se convertirá en algo internalizado propio). La sensación de un mayor o menor «encaje» o adecuación guiará en ellos la elección de pasos/caminos a repetir o de aquellos a cambiar o desechar. Será el modo a través del cual sentiremos que nos abrimos camino a los encuentros con los demás: faltos de un guion, pero con confianza.

Y así, poco a poco y con el tiempo, la «familia de la vida» se irá haciendo cada vez más extensa a medida que vayamos creciendo (más allá de la familia nuclear, nos comunicamos con amigos, grupos sociales de pertenencia, nos implicamos en actividades sociales, con vecinos, el barrio, diversas asociaciones de las que formamos parte, etc.).

3. La adolescencia

En la adolescencia, el papel que desempeña el entorno más cercano adquiere un inevitable poder de influencia y resulta tremendamente importante. El reconocimiento y la aceptación del adolescente por parte de la sociedad que lo rodea son cruciales para su proceso de crecimiento. Entre su gente más cercana, el niño escucha, ve y aprecia cuáles son sus ideas, opiniones, sentimientos, mensajes y creencias. Especialmente para él, este es uno de los momentos más importantes de su vida. Como todavía se está constituyendo y definiendo como sujeto, puede elegir el camino y centrarse en un modo de vida con el que se sienta identificado y feliz. Por eso es importante que tengamos en consideración un aspecto fundamental para él: su búsqueda permanente de identidad («¿cómo soy?», «¿qué personalidad tengo?», «¿cómo me ven los demás?»). Se trata de un elemento esencial en su vida que suele caracterizar sus conductas y cuya respuesta solo puede obtener cuando se ve reflejado desde el otro y desde la realidad de su propio entorno. Todos los que estamos a su lado somos sus principales referencias. Por suerte, disponen de varios y diferentes modelos de los que obtener, aprender y retener aquellos valores, actitudes y gustos que más le convengan, le agraden o quiera.

Sin embargo, la sociedad de hoy en día no ayuda a esta búsqueda, puesto que parece olvidar su papel socializador al dar tanto peso a la sobreestimulación, al inmediato paso al acto y a la descarga de impulsos en los jóvenes (todo pasa por el acto: «si no lo veo, no lo creo»). Antes, la palabra era sagrada; la palabra dada y/o un apretón de manos servían para sellar pactos, contratos y negociaciones importantes. Yo misma, de pequeña y según recuerdo, veía a mi padre cerrar negocios con el cliente o proveedor con solo un acuerdo verbal, y aquellas palabras se tomaban totalmente en serio. Lo principal, en aquel entonces, era no faltar a «la palabra» que se había dado. Hoy en día, en cambio, la palabra ha quedado desvirtuada. La palabra, sincera y sentida, debe representar una autoridad para todos, pues se trata de un referente válido y esencial; la base de toda educación.

Aunque en este momento evolutivo, los adolescentes tienden a rebelarse contra sus padres, con el tiempo aprenderán a aceptarlos tal como son, si estos son coherentes con su palabra y con sus actos.

Los jóvenes necesitan aprender a quererse a sí mismos, pues a menudo esto les servirá cuando busquen reafirmarse ante los demás, tratando de validarse y consolidarse una y otra vez. El adolescente todavía tiene un pensamiento muy concreto porque a esa edad le falta adquirir la capacidad de abstracción, lo cual hace que otorgue más importancia a la conducta, a lo motriz y al movimiento por encima del pensamiento. Por eso es fácil que actúe de modo poco pensado, impulsivo o precipitado. Primero tiende a actuar o a hacer y después piensa. Con frecuencia sus reacciones pueden ser vividas por él como extremas, como «totales», como si lo que le sucede o lo que siente fuera «para siempre» o definitivo. Le resulta difícil relativizar o restar importancia a lo que le hiere porque todavía le falta maduración para poder pensar en algo diferente, en otra solución aún no contemplada, necesita tiempo para decidir o actuar. Sus conductas pueden adelantarse a su pensamiento y, además, los muchos cambios que ahora vive en su persona no puede digerirlos tan rápidamente. Pero no sabe que no basta solo con exteriorizar su malestar para hacerse cargo del asunto que lo afecta y que debe resolver por sí mismo, aunque los demás también pueden ayudar a ello. Y eso los hace ser provocadores, pues sus manifestaciones y reacciones son tanteos para ver si son o no aceptados con sus posibles discrepancias y sus puntos de vista propios (seguro que tendremos en mente recuerdos de adolescentes que disfrutan llevando la contraria y provocando).

Por otra parte, todos les pedimos, a veces con cierta presión, que sean coherentes y que tengan un seguimiento evolutivo que vaya en progresión lineal ascendente, cuando, en realidad, no podemos hacerlo porque el progreso en la adolescencia se hace siempre en zigzag, en movimientos constantes progresivos y regresivos (hacia delante y hacia atrás, con avances y retrocesos). Ellos, por un lado, quieren decidir unilateralmente y sin dar explicaciones sobre su vida, mientras que, por el otro, piden chuches o mimitos. Y estos movimientos requieren de mucha flexibilidad y tolerancia por parte de los adultos que los padecemos.

En otro orden de cosas, actualmente el conocimiento del sexo se produce en edades cada vez más tempranas. Los avances tecnológicos, la comunicación digital y el gran manejo que nuestros adolescentes tienen de estas herramientas lo favorecen enormemente. Por desgracia, la pornografía se halla también a su alcance y puede permanecer fuera del control parental. El sexo que se muestra en este caso suele ser muy agresivo, machista, de dominio e incluso de maltrato, y generalmente muestra a la mujer siendo menospreciada por el hombre. De hecho, lo vemos a menudo en la sociedad, como el caso judicial de «la manada». Por eso resulta de gran relevancia ser flexibles con los adolescentes a la hora de permitirles expresar con claridad y naturalidad sus dudas respecto de su sexualidad o de su identidad de género. En el momento actual, lo *trans* se ha transformado en un tema importante de reflexión. Hay que tener cautela porque las nuevas tecnologías contribuyen a veces a la confusión y trivialización de una realidad que afecta a muchos adolescentes. Nuestro papel es ayudarlos a contener el gran sufrimiento, malestar y desconcierto que estas cuestiones pueden acarrear, así como respetar lo que su mente trata de manifestar, proporcionándoles la posibilidad de que puedan reflexionar con libertad, tiempo y, si fuera necesario, la ayuda de expertos.

Los jóvenes precisan descubrir por sí mismos sus propios referentes, generales o específicos, en todos los ámbitos de la vida. Aparecerán otras figuras a su alrededor, como tutores, educadores, profesores, amigos, etc., y se fijarán en ellas, pues muchas veces las idealizarán y llegarán a ser referentes muy importantes en su vida. En general, tomarán distancia del hogar, de la familia, y disminuirá la dependencia infantil que hasta el momento los caracterizaba y ayudaba a crecer. Así, los otrora modelos idealizados de los padres o «primos de Zumosol» que todo lo podían solucionar, ya que eran como dioses que nunca se equivocaban, a partir de este momento ya no les servirán como antes. Verán que los adultos también tienen fallas y decepcionan. Se percatarán de que los padres también son humanos, de carne y hueso (muy diferentes de la imagen de cuando eran pequeños: sabios, perfectos, la «compañía de seguros» particular...) y serán constantemente cuestionados. Sin embargo, aprenderán poco a poco a aceptarlos así, tal como son.

El grupo de iguales será de gran ayuda para ellos en todo este proceso, al funcionar como un paraguas que les permite reasegurarse ante la gran inestabilidad personal que los rodea y les ofrece el empuje que necesitan para tomar sana distancia de su hogar y de sus padres, sintiéndose independientes. La desidealización de los padres o representantes de la autoridad los ayudará, por otra parte, a no pretender idealizarse ellos mismos en la vida, aceptándose con sus equivocaciones (imperfecciones), porque la vida, que es bonita, también es imperfecta. Si los adolescentes adquieren esta visión de aceptación de la imperfección de sus adultos (que somos nosotros, abuelos incluidos), sabrán sacar más partido de sus propias capacidades y cualidades y apreciarán con mayor realismo (sin idealización) las de los demás, sin tanta exigencia y con mayor naturalidad.

Los límites

La adolescencia es uno de los momentos cruciales en la vida de un joven, pues puede actuar y decantarse por un modo de vida saludable con el que se sienta feliz. Por eso recalcamos la relevancia que tiene para él la búsqueda permanente de identidad, que en ocasiones lo impulsará a actuar en consonancia con sus emociones e intereses, a veces con la complicidad de sus referentes más cercanos (amigos, tutores, etc.), o con quienes se identifique, y a veces en soledad.

Sabemos que los niños de guardería pegan a otros para conseguir lo que quieren. Pero también sabemos que, gracias a la socialización que reciben de las personas más significativas de su entorno, aprenden que la agresión física no es un comportamiento aceptable. No lo es para los demás ni para ellos mismos, puesto que luego los invade un mal sabor de boca y una culpa interior que siempre resultan perjudiciales. Progresivamente, los pequeños empiezan a detener este comportamiento hasta que dejan de hacerlo. Así, aprenden otras formas de comunicación más saludables para expresar su ira, otros métodos a través de los cuales dar curso a sus necesidades de una manera más socializada y sin ocasionar ningún daño real. El egocentrismo natural de los niños, propio de la edad, se socializa con el tiempo y con la ayuda de los padres, la familia y la escuela, lo que les sirve para poder evolucionar.

No obstante, nos damos cuenta de que, en la sociedad actual, este objetivo encuentra bastantes dificultades para poder darse. Pues, por ejemplo, muchos medios de comunicación muestran una grave permisividad y minimización de la violencia, morbilidad y falta de respeto hacia las personas (normalmente para tener más audiencia). Esto provoca confusión en los jóvenes porque no los ayuda a diferenciar entre lo que es correcto y lo que no, entre lo que necesitan y lo que les puede hacer daño, entre el bien y el mal, etc. Tampoco los ayuda a destacar lo más sano o prosocial de sí mismos para crecer en condiciones. En general, los padres o representantes sociales de la autoridad no toleramos demasiado bien que nos critiquen porque desmontan nuestros rígidos esquemas, los cuestionan, nos provocan y no todo el mundo sabe contenerse y aguantar lo suficiente. Los adultos debemos aprender a fortalecer nuestra piel, demasiado fina, ante «los ataques» de un adolescente que está intentando entenderlos, así como intentar comprender el porqué de sus acciones. Debemos seguir «estando ahí» porque es lo que ellos realmente necesitan (ya que deben verificar que siguen siendo queridos y aceptados a pesar de sus errores).

Hay que pensar que los jóvenes deben poner a prueba la autoridad de los padres, al igual que las normas socialmente establecidas y el lugar de los adultos, como una manera de limitar sus propios impulsos, tan desbordantes e imperativos (sin darse cuenta, muchas veces hacen o promueven que los demás los frenen o los limiten porque aún no pueden o no saben cómo hacerlo por sí mismos). Y esto se manifiesta en casa con los padres, en la escuela con los profesores, y en las instituciones, como una extensión social y sustitutiva de los padres y el lugar de su autoridad. Programas televisivos de gran éxito como *Supernanny* o *Hermano mayor,* entre otros, confirman este problema como un modo de intentar restaurar de alguna manera los límites o los criterios educativos que se necesitan a través de personajes o héroes famosos.

Los padres y la sociedad tenemos el peligro de radicalizar nuestras respuestas ante los actos transgresores de los adolescentes. Muchas veces nos equivocamos. Las etiquetas negativas que a menudo se ponen, incluso inconscientemente («soy un desastre», «siempre lo hago todo mal», «estoy fatal, soy gafe»), les otorgan, sin pretenderlo, una cierta identidad que, aunque negativa, cubre su falta, al menos de momento. Pero pensar así no les aporta la flexibilidad y tolerancia necesarias que tanto requieren para afrontar el difícil momento adolescente «de altos y bajos», dudas, desconcierto, confusiones, etc., y que son necesarios en la búsqueda por lograr una identidad propia. Hay un fuerte peligro de inoculación de clichés contraproducentes (como, por ejemplo, «¡eres insoportable!», «¡eres un vago!», «¡estás loco!», «¡ya no puedo más!», «¡me agotas!», «¡no te aguanto!»). Esto puede conducir a una pérdida de confianza en sí mismos, una noción de imposibilidad de control propio de la situación y la sensación de falta de continencia propia. Es decir, lo puede dejar impotente ante sus conflictos, dando lugar a un bloqueo en el aprendizaje para superar lo que se produzca en su vida y potenciando que, cuando se repitan esos conflictos, recurra a la agresividad y al autoendurecimiento para resolverlos (se pone un escudo como defensa). Así sucedió en el caso de un joven *skinhead* que, junto a otros chavales, fue acusado de haber matado a un hombre sin hogar en el parque de la Ciutadella de Barcelona. En aquel momento yo trabajaba como psicóloga forense en el Departament de Justícia de la Generalitat y lo trajeron esposado para ser explorado psicológicamente, a nivel pericial, en los juzgados de lo Penal de Barcelona. Su mirada era amenazadora y despiadada; llevaba grandes botas negras militares de punta metálica y una chaqueta negra con pinchos en los hombros; tenía la cabeza rapada y el cuerpo muy musculado de gimnasio. Pero detrás de aquella fachada dura y salvaje, detrás de los escandalosos gritos pro Hitler de los que presumía, vislumbré a través del diálogo con él que también, y contradictoriamente, había un chico espantado que no sabía explicarme nada sobre la vida personal de aquel dictador tan admirado por él. Todo era fachada, superficie, pues al mismo tiempo también parecía un polluelo vulnerable y perdido que, para sobrevivir en su entorno, había tenido que colocarse una endurecida y rígida armadura, para que no le hicieran daño.

La agresividad forma parte del ser humano. El amor y el odio son inherentes a la vida. La mayoría de los actos de delincuencia en adolescentes son causados por agresiones. Pero no todos pueden ser observados bajo el mismo prisma. Por eso no se puede etiquetar cada caso de la misma manera. Lo que existe bajo el acto disocial es lo que motiva a realizar ese acto y, especialmente en los primeros delitos y dependiendo de cómo reaccione el entorno con cada joven, podrá resultar aleccionador o no para su futuro.

Otro ejemplo. Un grupo de chicos excesivamente alborotados y revolucionados durante la fiesta mayor de su pueblo compitieron entre sí para comprobar una noche quién era el que rompía más farolas. El enredo, el griterío y la destrucción fueron enormes (golpes en las puertas de las casas, cristales rotos por el suelo, carreras por las calles, gritos constantes, bancos rotos y dañados, etc.). Sus padres acordaron reunirlos a todos en una asamblea con representantes del Ayuntamiento. En este caso, y de forma muy rotunda (y por unanimidad), establecieron, mediante el compromiso firme y contundente, que todos ellos entregarían al consistorio su paga semanal durante un tiempo determinado hasta que consiguieran sufragar todos los desperfectos ocasionados. Esta fue una lección muy sobria y potente que ayudó a estos chicos a reflexionar y seguramente a no volver a hacer nunca nada parecido.

¿Por qué las escuelas no incorporan educadores sociales, psicólogos y otros profesionales a sus equipos para ayudar a los estudiantes que empiezan a *desviarse?* En los casos de acoso, por ejemplo (jóvenes que disfrazan su fragilidad con la dureza de sus acciones), ni el agresor ni la víctima deberían abandonar la escuela. Expulsarlos de ahí a menudo no borra el problema, más bien contribuye a que siga. Pues, sin saber contenerlo y resolverlo «desde dentro» trasladamos el problema (a otro centro, quizá) e impedimos que la reflexión conjunta nos aproxime a una solución consensuada y comprometida. Por otro lado, y como norma general, en los jóvenes de esta edad no se puede hablar de un perfil definido de personalidad porque aún no han cumplido 18 años. Pero sí podemos hablar de la existencia de tendencias y rasgos que, con el tiempo, se consolidan y pueden llegar a ser consistentes en su personalidad. Están rozando el límite, siempre al borde del precipicio, e inevitablemente y en general estas son suficientes señales de alarma en el entorno. Debemos estar atentos a los signos premonitorios que los niños manifiesten desde una edad temprana (ya que, muchas veces, nos damos cuenta demasiado tarde). Y aquí es donde fracasa toda la sociedad. Por eso es tan importante la prevención.

4. La juventud

Finalizada la adolescencia y, progresivamente, como prolongación de esta, enlazamos con la etapa de la juventud, que proporciona la sensación de formar parte de la sociedad de una manera libre, personal e independiente y creemos que es «factible» poder hacerlo.

Es un momento de decisión en múltiples aspectos de la vida. Lo característico de esta fase es hacer frente a diferentes situaciones vitales de cierta envergadura, como acceder al mundo «serio» de los estudios superiores formativos (aunque estos sigan después) o universitarios (ir de Erasmus); experimentar laboralmente, ganando cierto sustento; ampliar y profundizar en las relaciones (búsqueda de alguien con quien entendernos mejor a todos los niveles: afectivo, sexual, amoroso, intelectual, etc.); salir del hogar familiar confortable con todo lo que esto supone: el deseo de hacerlo, por un lado, y la incertidumbre y la pérdida de la seguridad que dan los padres y la familia, por otro. Quizá se busque compartir piso con compañeros o vivir un tiempo solos, emigrar a otro país en busca de sustento o de un mayor sentido o desarrollar diversos roles sociales. El rol permite que las personas nos vinculemos entre nosotras y con nuestra sociedad. Pero hemos de tener claro que solo conseguiremos consolidar nuestra auténtica identidad cuando logremos encontrar en nuestro contexto social aspectos especiales y específicos con los que poder identificarnos de una forma clara y que, a su vez, coincidan al máximo con poder funcionar según las expectativas que la sociedad espera de nosotros (por ejemplo, buscar cierta carrera o trabajo que coincida con nuestros gustos, destrezas o habilidades que nos satisfaga íntimamente).

Sin embargo, el joven se encuentra con que la sociedad le reclama y exige que se decida, tome una determinación y no se equivoque; le demanda que lo haga bien. Esto puede generar angustia y desolación ante la presión de tener que dar respuestas que pueden no coincidir con sus propias expectativas, quizá más modestas o dificultosas (de ahí doctorados que no llegan a acabarse nunca, eternos estudiantes que no pueden decidirse por un trabajo ante el listón tan alto que se les propone y el temor a decidir algo por sí mismos, «coger» lo que sea, marcharse del hogar sin estar preparados, etc.). Angustia mucho escuchar un «¡has de decidirte!» o un «¡no puede ser que aún no lo tengas claro!», porque precisamente esa decisión vital depende solo de uno mismo y, por ello, lleva su tiempo, durante el cual los demás poco podrán hacer si el joven quiere sentir que es plenamente libre para elegir.

No hay que apurarse. Seguro que los abuelos le diríamos que se tranquilice, que no hay mal que cien años dure y que se hace camino al andar. Aquí lo importante es que el joven contenga las turbulencias emocionales de tanta exigencia y presión, que logre conectar realmente con lo que desea de verdad y que lo persiga, manteniendo viva la llama de la esperanza. Así poco a poco se sentirá capaz de seguir su camino personal, que puede pasar por decidirse a cambiar de carrera, de trabajo, de vivienda, irse a compartir piso con otros jóvenes o con su pareja, quizá darse un respiro o hacer un paréntesis en los estudios, irse al extranjero o tomar la determinación de dejar a una pareja o asumir que aún no está preparado para tener un hijo, sin que se resquebraje el suelo por decepcionar o traicionar los deseos o expectativas parentales o sociales.

Se ha de aprovechar el hecho de que en esta etapa se establece, de forma más firme, la noción de conciencia propia y juicio junto con la adopción de posturas éticas de índole personal para autorregular la conducta y poder vivir en colectividad, según nos guíe nuestro propio criterio (lejos de la seguridad familiar, la obediencia a la autoridad externa o el miedo a las consecuencias que nos pueden atenazar en momentos previos si nos alejamos de los consejos ajenos).

El ser humano habría estado en peligro de extinción si en el transcurso de los siglos no se hubieran producido dos fenómenos cruciales: la posición erecta, que nos permitió hacer un uso libre de las manos con instrumentos toscamente creados con piedras o madera, y el desarrollo cerebral, que nos abrió el mundo en toda su inmensidad. Ello supuso un alcance importante que posibilitó sobreponerse a muchos elementos naturales adversos. Este símil se podría aplicar a la etapa de la juventud como puente en el acceso a la vida adulta, cuando el joven ante el reto de volar por sí mismo y ser independiente se encuentra con múltiples factores adversos desde la misma sociedad que lo empuja y en gran medida presiona.

Por otra parte, en la juventud se amplían y refuerzan los vínculos de amistad con el grupo de pertenencia y con entidades sociales que estimulan y favorecen nuestra curiosidad por el mundo que nos rodea, por la cultura y el ocio en sus diversas manifestaciones (cine, interpretación, arte, música, conciertos, viajes, fiestas, celebraciones de fin de curso universitario, salidas y charlas hasta la madrugada, etc.), que gustamos de compartir. Estas favorecen que establezcamos nuevas amistades, algunas de las cuales pueden incluso llegar a ser más fuertes que la relación con la familia. Y es que ahora se eligen libremente, a diferencia de cuando somos niños, etapa en la que nos son «impuestas» en cierta forma por la familia, la escuela, etc. Algunas amistades provienen de la infancia y perduran en el transcurso del tiempo; a otras las iremos encontrando a lo largo de la vida en los diferentes escenarios y etapas (van y vienen y se reencuentran); unas serán amigas de amigos (que no quiere decir que tengan que tener el mismo *feeling* que con ellos, aunque a veces también sea posible); otras serán compañeros, conocidos, etc., relaciones amistosas de distinto nivel de profundidad y confianza. La amistad dependerá del interés, del placer de estar juntos, de la reciprocidad y la voluntad que, por ambas partes, pongamos en juego, resultando importante, como en las plantas, regar la relación para que fructifique y se fortalezca con el paso del tiempo. Aunque hemos de contar, aquí también, con las inevitables tensiones, fricciones o competitividad entre amigos, que hará que necesitemos ajustar y equilibrar nuestros deseos individuales con los ajenos para mantener viva la relación (como sucede en todas las relaciones que surgen en la vida misma).

Desde otro punto de vista, es el momento de la efervescencia más madurada de los sentidos, así como de la vivencia del erotismo y la pasión sexual que nos vitalizan como seres humanos. La sexualidad se manifiesta con mayor libertad, de una forma más segura y a menudo más estable, diferente de los incipientes escarceos y experimentaciones adolescentes. El joven busca ligar como manera de validarse en su propio deseo de gustar o seducir al otro, de sentirse suficientemente atractivo, tratando de buscar una pareja que le permita enriquecer su vida con mayor plenitud. Las discotecas o espacios juveniles musicales, bares y celebraciones particulares suelen ser espacios frecuentes que lo favorecen (en nuestra época los llamábamos «guateques» cuando se daban en pisos particulares donde nos reuníamos chicos y chicas, conocidos por ambas partes, y donde siempre había algún familiar mayor que vigilaba que la luz no se apagara demasiado en los bailes lentos). Hoy en día el abanico de posibilidades para ligar es mayor, y más teniendo en cuenta las redes sociales con sus innumerables variedades.

En esta etapa, la búsqueda de una pareja estable es un anhelo bastante general: encontrar la «media naranja» que nos colme y nos haga felices. Y con ella es probable que decidamos formar una familia y deseemos ser padres. Pero al hablar de deseo no solo hemos de tener en cuenta los deseos que se sitúan más cerca de la conciencia y que podemos nombrar con palabras diciendo: «te deseo» o «deseo esto», sino también aquellos más inconscientes que subyacen tras estos. Porque no existe una experiencia con la sexualidad solo pautada desde lo corporal (por el simple hecho de que se tenga pene o vagina uno no necesariamente será heterosexual o las cosas fluirán de una determinada manera), sino que es «la mirada» cargada de significados y sentidos de las personas más relevantes la que, con el tiempo, irá modelando las zonas erógenas o relativas al significado de la sexualidad de los hijos propios, dándoles importancia a unas u otras acorde a su historia personal, cosa que suele condicionar, en gran medida, la suya propia.

Las distintas identidades sexuales y sociales, masculinas y femeninas, se irán construyendo en el proceso de interrelación. Se ha dado un enorme cambio en este aspecto a lo largo de los últimos años, y seguirá evolucionando, como podemos apreciar por la gran rapidez, labilidad y frenesí que se dan en la actualidad, a veces incluso con la sensación de una cierta tendencia a la confusión de identidades y roles, entre otras, producida en ocasiones por no saber claramente aún «quién soy». Sin embargo, debemos aspirar a que todas las personas, mujeres y hombres, puedan desarrollar todas sus potencialidades personales. En este ámbito psicosexual y social, lo natural sería, como en otras facetas, que la mujer tuviera la libertad de desarrollar su capacidad de mando en el área que ella elija y que el hombre pudiera desarrollar al máximo su sensibilidad sin sentirse censurado por el entorno ni por sí mismo.

En otro orden de cosas, el trabajo es para el joven una parte importante de su proyecto de vida; del «fruto personal y social» que desea realizar, algo que hará que se sienta útil, maduro y preparado para experimentar retos vitales que antes aún no había acometido.

Lo profesional le permitirá sentirse más autónomo y preparado para su próxima y futura independencia (en el terreno laboral empieza a poder vislumbrar o intuir su propia potencialidad y valía respecto del futuro, en el que esta se plasmará con más fuerza). Pero elegir un trabajo (igual que ocurre con los estudios y otras cosas en la vida) implica elegir, actuar o renunciar a otras posibilidades, algo que resulta muy difícil si uno es muy ambicioso (escoger siempre significa tener que dejar otros intereses al apostar por lo que más nos importa). Sin embargo, toda elección implica muchas dudas («¿podré llevarlo a cabo?», «es que aún no sé si sabré suficiente», «¿caeré bien?»). Aún recuerdo cuando a los 20 años viajé a Londres para aprender inglés y no cejaba en el empeño de querer trabajar fuera de mi país. Era una forma de retarme a mí misma, de ver cómo podía espabilarme lejos de mi ámbito sociofamiliar cercano, conocido y confortable. Conseguí trabajo en una pastelería-cafetería frente a la estación de metro Ealing Broadway del barrio donde vivía. La experiencia que tuve durante esos meses, de ir a trabajar después de clases, con mi bonito uniforme, resultó maravillosa. El hecho de que, ¡además y por suerte para mí!, consiguiera que me aseguraran, me hizo la mujer más feliz del mundo en aquellos momentos (recibir semanalmente aquel largo y pequeño comprobante de mi salario hacía que empezara a pensar en que, más adelante, también podría acceder en serio al mercado laboral de otra manera).

Un joven desea pronto tener ciertos ingresos como fruto de su trabajo que, seguramente, serán actividades esporádicas, inestables y variadas a lo largo del tiempo, pero que ya lo preparan para un futuro que promete ser más estable y mejor remunerado (aunque, en la actualidad, la crisis y la dificultad económica que padecen muchas familias, así como la precariedad laboral con la que nos encontramos en la sociedad, hacen que la seguridad laboral sea más difícil de lograr y de mantener, igual que sucede en muchas otras áreas).

La pareja

El desarrollo humano continúa y se amplía socialmente más allá de nuestros padres. Y para desplegar todo nuestro potencial necesitamos de otros seres humanos y, si se tercia, también de una pareja. Una buena relación de apego entre dos es bidireccional. Ambos son, por una parte, responsables del cuidado del otro y, por otra, del proyecto de vida que pueden emprender juntos. Las imágenes que uno tiene de sí mismo y del otro influyen en la calidad de los vínculos. Tener una imagen positiva o negativa de uno mismo hace que nos miremos como alguien digno o no de afecto y apoyo y, en este sentido, buscar un buen o mal *partenaire* (ya que se mostrará como alguien de confianza o como alguien poco fiable). Las tempranas vivencias familiares y todo lo inconsciente inciden mucho en la relación de pareja. Cada sujeto lleva en su interior diferentes personajes de «una familia interna incorporada» e interpreta las experiencias del mundo según las relaciones que se tengan interiorizadas respecto de la propia familia. Del mismo modo, cada pareja se suele sustentar sobre «una pareja interna» que llevamos dentro; las imágenes y experiencias que poseemos acerca de las parejas que nos han precedido se nutren de lo presenciado en la relación entre los padres, abuelos y familiares, un modelo parecido al que todos hemos tenido en nuestra niñez.

No somos conscientes de que, al elegir nuestra pareja, cada uno busca en ella cumplir con las expectativas de mantener nuestro equilibrio psíquico y lograr ser reconocidos. Sobre esta pareja interna podemos construir con la pareja real un trato de respeto mutuo basado en la valoración y la preocupación auténticas del uno por el otro, junto con un verdadero deseo de conexión íntima, familiaridad, afecto, confianza y sexo (la intimidad ocupa un lugar central). Se puede disfrutar juntos a través del intercambio de afecto, de placer por medio del contacto físico (al tomarse de la mano, al abrazarse cariñosamente), y encontrar satisfacción en la interacción sexual, viviendo con flexibilidad proyectos individuales y proyectos compartidos por ambos.

Sin embargo, tampoco hemos de idealizar la vida en pareja, en la que, como en la vida misma, también existen problemas. Se necesitará la ayuda del otro para afrontar las dificultades y pérdidas vitales que ambos, inevitablemente, tendrán que encarar. La ilusión por compartir y sentir amor mutuo, la capacidad de cuidar y dar apoyo al otro y a los hijos es compatible con disfrutar de los placeres de la vida. Aunque es importante que la vida social o las obligaciones familiares no interfieran en el tiempo que se dedica para estar juntos y cuidarse, otorgando, sin embargo, un lugar esencial a los espacios personales y relacionales propios. En relación con ellos cabe mencionar: pasatiempos específicos de cada miembro, amistades propias, posibles viajes o incluso, en un momento dado, desear estar solos. Una relación constructiva estimula el desarrollo personal, a diferencia de una destructiva, que lo limita. La pareja constructiva mostrará interés por las diferencias del otro, siendo capaz de tranquilizarlo limando las desavenencias o anticipando posibles desencuentros cuando se intuya que van a aparecer, minimizados a veces gracias al sentido del humor, entre otras posibles actitudes.

Vivir en pareja también supone tratar de manejar el posible choque que puede surgir debido a aquellas necesidades íntimas de origen infantil que resultaron insatisfechas en el pasado de cada miembro (tratando de equilibrar posibles desajustes ante situaciones de estrés o conflicto). Estas necesidades no resueltas del pasado —pero que aún se encuentran en nuestro interior— podrían comprometer al otro si son muy profundas o traumatizantes. Es importante que tengamos en cuenta que sí se puede reparar los antiguos errores o heridas vitales sufridas. Hay constancia de que la relación con los iguales o un buen y significativo vínculo amoroso pueden rehacer posibles apegos inseguros vividos en la infancia y generar una fuerza necesaria como para modificar o modular ejemplos de relación hacia una situación de seguridad. Por ello es muy útil que cada uno conozca cómo influyen sus historias personales en la atribución de significados a las interacciones con el otro, y cómo estas quedan, a menudo, forzosa e involuntariamente «atrapadas» por aquellos significados del pasado. Cada miembro de la pareja tiene sus narraciones sobre su propia historia anterior y la trayectoria de la relación permitirá su resignificación.

La aproximación a la diferenciación específica y personal de nuestra propia familia de origen, las lealtades familiares y los duelos no resueltos en nuestra propia historia permitirán a la pareja difundir la experiencia emocional y de conocimiento del otro. Así se puede llegar a entender la manera en que este, a su vez, tiende a construir sus propias «significaciones». Porque, por lo general, las parejas suelen dar por sentado, desde el día en que se enamoran, que «conocen» todo el uno del otro. Esa confusión ocasionada por el estado de amor inicial les hace creer, muchas veces erróneamente, que saben de verdad todo lo que el uno representa para el otro y viceversa. A partir de ahí, también creen saberlo todo del otro, lo que posiblemente sea el primer malentendido mutuo que existe en la pareja. Pero la realidad es que ni conocemos ni podemos conocer sus pensamientos, sus experiencias pasadas y presentes, lo que hace cuando no estamos juntos o su propia memoria de lo vivido juntos si no nos lo cuenta, y, aun así, tampoco será «igual». Si damos por sentado que ya lo conocemos todo, es fácil que nos instalemos en la rutina y lo estático quite viveza a la relación (si seguimos un guion preestablecido).

Muchas veces proyectamos en el otro lo que cada uno imagina que debe ser. A veces pueden ser aspectos rechazados de uno mismo percibidos como peligrosos, que hacen que visualicemos al otro como una amenaza y, en muchas ocasiones, pueden forzarlo a actuar de modo que se confirme la evidencia de lo que uno ha proyectado en su pareja. Otras veces podemos sentir intolerancia a su existencia independiente si lo que predomina es cierto anhelo de que sea «parte de mí», con una ilusión de intensa unidad, completud o igualdad mutua perpetua. Cuando se da ese estado de fusión, a causa del enamoramiento inicial y prolongado en la convivencia, nos negamos a aceptar la realidad de que desconocemos que el otro siempre tiene una zona que no es compartida. Ello constituye un factor que conlleva dificultad para compartir y convivir aceptablemente con «lo triangular» que supone la participación natural, habitual y esperable en la vida de otras personas en la relación de pareja.

Esa zona «exclusiva» se puede intentar abrir al otro de alguna forma, siempre que se hable de ella, se acepte que es «no compartida» y se realice un trabajo psíquico entre los dos para que, por medio de la mutua comunicación, deje de ser tan exclusiva. Por tanto, tratar de cuidar la capacidad de la pareja para afrontar una separación interna que sea lo suficientemente buena para los dos miembros, así como las diferencias de la realidad individual específica de cada uno (trabajo, tareas, aficiones, vínculos personales a nivel individual, etc.), resulta fundamental. Del mismo modo, la tolerancia y la aceptación de «lo distinto de mí» que tiene el otro son factores esenciales que fomentan la seguridad y validación en la relación.

La capacidad de poder permanecer conectado y cercano al otro para contener las dificultades dentro de la relación cuando estas aparecen nos facilita poder desescalar el conflicto si este se presenta. Asimismo, es posible que esto favorezca la apreciación de algo nuevo, distinto o de cambio ante una situación difícil, en vez de tender a reaccionar según «nuestras viejas y conocidas maneras» de relacionarnos y de tratar los conflictos, esto es, de forma «estándar», repetitiva o «por sistema».

Resulta importante mantener la curiosidad por lo nuevo y desconocido del otro (que siempre existe y existirá) para que surja el funcionamiento creativo de la pareja. Desear averiguar cómo está, cómo es, qué siente o qué piensa es, precisamente, lo que la estimula y la hace crecer.

Por otra parte, en el seno de la pareja también se da cierta alternancia entre los avances y los retrocesos, como en las diferentes facetas de la vida misma (como, por ejemplo, cuando a veces uno se enferma para que el otro lo cuide o esté más pendiente de él). Ante una ardua situación, se suele dar una especie de vaivén o equilibrio entre las supuestas debilidades y fortalezas de la pareja, entre aquellos momentos que resultan regresivos (un ir hacia atrás) y otros más progresivos (un ir hacia delante), según el estado y la situación particular de cada uno y a partir de las capacidades personales que se puedan compartir. Es ante las vicisitudes de la vida cuando es posible apreciar cómo cada miembro puede ser un apoyo para el otro y viceversa.

En cualquier caso, también es importante que cada cual aprenda a aceptar solo lo que considere más oportuno de la pareja; es decir, lidiar con las posibles decepciones dejando que el otro siga adelante con su propia manera de hacer las cosas, siempre que ello no resulte un inconveniente demasiado trascendente para uno mismo. Cualquier pareja puede entrar en conflicto y será conveniente que ambos integrantes lo hablen para que uno sea consciente de lo que representa para el otro el posible escollo en la relación, de modo que se pueda modificar respecto de otras alternativas equilibrantes de mayor satisfacción para los dos.

Las relaciones de pareja siempre podrán transformarse no solo porque suelen modificar a ambas partes, sino también porque suelen activar otras versiones de nosotros que, de otra manera, seguirían apartadas de nuestra conciencia o disociadas posiblemente para toda la vida. Es justo la relación de pareja lo que hace surgir aspectos desconectados de lo más propio e íntimo de cada cual, facilitando que podamos sacar partido de nuestras múltiples y variadas facetas personales, que son las que enriquecen nuestra vida.

5. La adultez

Entre los cuarenta y los cincuenta años de edad alcanzamos, con suerte, la mitad de la vida que conocemos como «adultez». Y, con frecuencia, ser adulto tiene un significado social algo idealizado. Se asocia a poder ser capaz de cuidarnos a nosotros mismos, de ser plenamente responsables de los propios actos y decisiones, con madurez y seriedad, sin depender de la protección de los padres, de tener un trabajo remunerado, una pareja estable e hijos con ella... Unos modelos e imágenes que nuestra sociedad trata de implantar sobre cómo hemos de ser. Se da por sentado que, a esas edades se deben haber logrado ciertos objetivos como son la estabilidad laboral y la familiar. Pero no todo el mundo lo consigue; y más en estos tiempos, en los que la crisis económica ha provocado que tanta gente se quede sin trabajo y más de uno vea que su proyecto de vida se desmorona.

La adultez no es la llegada a una panacea idílica ni es un momento fijo. Es una transición constante durante una serie de años que no se puede concretar, específicamente, en un conjunto determinado de cualidades y logros, ya que estos dependen del punto de vista, la época, las circunstancias y la forma de ser de cada uno. Es como una aproximación constante a algo que vamos viendo que nunca se logra plenamente, porque siempre estamos evolucionando. Y nos vamos dando cuenta de que nadie es nunca totalmente «normal» ni maduro.

En la madurez los hijos suelen ser ya mayores y hacen su vida con más independencia (a veces yéndose a vivir fuera del hogar), lo que puede conllevar a que sientan cierto miedo de ser adultos, de salir del nido familiar, a la vez que dudan sobre si serán o no capaces de apañarse con su vida por sí mismos. Como padres, nos toca darles el «permiso interno», favorecer su independencia, sentir que no lo somos todo para nuestros hijos (cosa que a veces es vivida como cierta afrenta, rechazo o propia desvalorización). La manida queja «yo, que he vivido, hecho y dado todo por ellos» puede esconder que el momento del nido vacío, esto es, cuando se van de casa, sea vivido de modo crítico, con sentimientos de tristeza y de profunda pérdida. Si bien se produce una mayor distancia con ellos cuando «se alejan» del grupo familiar, posteriormente esta distancia se convierte en una mayor proximidad cuando les toca ser padres.

Por el camino de la vida vamos viendo que día a día todo indica que inevitablemente nos hemos de actualizar y, en la adultez, eso sucede con mayor motivo.

La mujer y el hombre (cada uno con su especificidad) se encuentran muchas veces ante el dilema de tener que distanciarse de la madre o el padre, aunque sientan un profundo amor por ellos, para lo cual, en ocasiones este se transforma en agresividad o rechazo para poder ser ellos mismos (como forma de separación y toma de distancia de la dependencia vivida con estas figuras; en cierta manera, como sucede en la adolescencia). Pueden tratar de no parecerse a ellos (y todo lo que ellos señalan como un deseo suyo será el indicador para ir por otro camino). Sin embargo, al no haber modelos universales en la adultez, cada uno tiene que encontrar su propio camino particular. Y solo se podrán superar los problemas con la propia imagen si esta está bien sostenida por unos modelos parentales que nos den consistencia y nos permitan una progresiva «separación» hacia el mundo externo.

Por otro lado, la adultez es el momento de desear ser padres. Esta experiencia, a la vez que aprendizaje (porque es la primera vez), también representa extraer algo previo que hemos guardado en nuestro interior sobre cómo fue nuestra vivencia con las figuras parentales que sirven de guía en este nuevo momento. Aquella vivencia tiene un significado simbólico para cada persona que va en función de su «mochila personal», puesto que se revive lo más básico de uno. Y según el grado de reconciliación con los padres, ser padre o madre se vivenciará de distinta manera. En el aspecto laboral, el trabajo a estas alturas ya suele estar consolidado. Si durante un tiempo ha representado todo un símbolo de nuestra aspiración y asentamiento vital sobre cómo hemos querido fructificar nuestra vida formando un eslabón de la cadena social, ahora ya nos integramos del todo en la sociedad (haciendo como los demás, pero, a la vez, actuando y siendo uno mismo, distinto y original). Podemos encontrarnos, por otra parte, con que quizás ahora la vida laboral está a punto de llegar a su fin. Con la jubilación llega el momento de la renuncia al trabajo asalariado, pero no a otros tipos de trabajo o alternativas ocupacionales que nos pueden permitir seguir desarrollándonos en otras facetas.

La adultez es el momento propicio para realizar un balance de la vida, empezar a despedirnos de algunas ambiciones, intereses o ideales no conseguidos (y que probablemente ya no lograremos), tomar conciencia de cierto cansancio, ciertas limitaciones, etc. Surgen problemas de salud, la menopausia o la andropausia que ponen en entredicho nuestra belleza, la plenitud física y la juventud (con el consiguiente cuestionamiento como mujer u hombre a causa de los cambios hormonales y las reacciones fisiológicas). Y estas cuestiones repercuten en nuestra capacidad de seducir y en la pareja. Las amistades de toda la vida ya las tenemos construidas, las valoramos mucho más, sobre todo las de la infancia, aunque también hagamos otras nuevas de distinto tipo.

Sentimos que hemos llegado a un cierto estancamiento, a un punto culminante de la vida en el que empieza el descenso (y «el final» o la muerte pueden estar mucho más presentes). Nos sentimos insatisfechos en algunos aspectos, como que perdimos oportunidades, salud y otras cosas; tenemos la sensación de que tras la muerte de los padres nos encontramos en primera línea tras haber perdido esas figuras protectoras; pensamos en los viajes que no se hicieron, las novelas que no se escribieron, los hombres o las mujeres a los que no se amaron, todo esto puede generarnos intensos sentimientos de frustración y decepción. Así pues, factores externos como una crisis económica, una enfermedad o un divorcio pueden agravar la crisis de la mediana edad (en este sentido, se suele hablar especialmente de la famosa crisis de los cuarenta).

Muchas personas viven angustiadas esta etapa sufriendo por lo que no han hecho hasta ese momento. Y se lanzan, a veces de manera atropellada, en busca del tiempo perdido arriesgándose a realizar «actos» precipitados, motivados por un intenso afán de cambio o de búsqueda de novedades en su vida (por ejemplo, a través de posibles infidelidades, de un cambio de pareja por una más joven, de un cambio drástico de trabajo, de querer tener otro hijo, promover intensas transformaciones en la apariencia física o llevar una vida propia de estudiante universitario, entre otras) para, así, sentirse más jóvenes. Se espera que lo nuevo, por el único hecho de serlo, solucione la necesidad de reencontrar un sentido a nuestra vida. Y podemos quedar atrapados entre la incapacidad de disfrutar a fondo del presente, la nostalgia por un pasado en el que uno se recuerda joven y con todo por hacer, y la angustia por el futuro.

Sin embargo, si uno se siente insatisfecho es normal hacer algo para cambiar las cosas; tomar decisiones que ayuden a encender el deseo, a ilusionarse por nuevos proyectos, a señalar un camino hacia el futuro. Es importante darse un tiempo para reflexionar sobre lo que uno quiere de verdad en la vida y de lo que necesita para ponerse al día. La urgencia de recuperar el tiempo perdido, como decía Marcel Proust, también tiene un aspecto reparador que, de alguna manera, permite reconstruir nuestra propia vida, cambiar nuestras formas de entender lo creativo como realización personal.

Según cómo hayamos digerido o vivido las etapas previas, ya con la sensación de sentirnos acompañados por dentro, ya si hemos obtenido cosas buenas de los demás, ya si lo que hemos dañado lo hemos reparado, y sabemos reconocer, apreciar y valorar lo que sí hemos hecho o hemos conseguido, podremos vivir la adultez de forma saludable. De alguna manera, se trata en definitiva de cambiar aquello que uno no pueda soportar, intentando aceptar lo que no puede cambiar.

En esta etapa, la vida ya no es algo que tengamos que ir a ganar (puesto que hasta ahora hemos tratado de batallar por ella constantemente), sino que debemos aprender «a vivir con», valorando todo lo que ya tenemos y hemos logrado (amor, sexo, familia y sociedad, actividades, trabajo, placer). A esta edad los aspectos simbólicos tienen un gran significado no solo a nivel social y cultural, sino también identificatorio (es decir, para «seguir siendo nosotros mismos en el tiempo») y a la vez un sentido de positividad, porque tenemos la sensación de ser lo suficientemente buenos, de que nos quieren, de saber guardar y cuidar las emociones, los recuerdos o las relaciones.

En la adultez, la calidad de vida reviste gran importancia, en especial todo lo vivencial. Es la etapa de la fruta madura; de ahí la relevancia de saber vivirla. Lo acaecido hasta el momento decidirá a qué o a quién atender y cuidar para estimular y aportar vigor a la propia vida; eso nos ayudará a encarar la muerte entendiéndola como el final de una misión cumplida: «Ya me puedo ir tranquilo».

6. La vejez

La vejez es la etapa final de la vida que suele caracterizarse por un determinado declive en nuestras capacidades físicas y mentales. Ante alguien mayor desmemoriado o con despistes, muchas veces reaccionamos con enfado o irritación; incluso nos reímos de sus lapsus o equivocaciones como si todo el mundo tuviera que hablar de corrido o sin mostrar, nunca, equivocación alguna. ¡Qué gran error!

Acostumbrados a la rapidez, la lentitud que caracteriza a las personas mayores nos genera irritación o, a veces, hasta enfado. Cuando manifiestan dificultad al moverse, al caminar, el ritmo con el que hacen las cosas, el largo tiempo que requieren para poder realizar alguna tarea, para pensar, hablar, nos impacienta. También cuando repiten, una y otra vez, las mismas cosas o cuando solemos tratarlos como si ellos tuvieran la culpa del fallo de memoria, lo hicieran adrede o no se estuvieran comportando bien. Nos molesta la manifiesta dependencia que evidencian respecto de los demás. Qué injustos somos a veces.

La posibilidad de una vida más longeva en nuestra sociedad ha hecho cada vez más visibles las importantes limitaciones que tienen nuestros mayores, quienes con frecuencia padecen serias enfermedades cognitivas y físicas. Estas obligan a centrarse, más que nunca, en el aquí y ahora sin irnos demasiado lejos hacia el futuro, en el que se prevé que se dé, aún más, un aumento del envejecimiento en la sociedad. Cada vez tendremos más personas ancianas y, dada su gran vulnerabilidad, serán más dependientes.

Abordar esta realidad social (con las frecuentes patologías que suelen padecer) a menudo supone hacerlo con aspereza o con demasiada compasión (mostrando actitudes paternalistas, infantilizantes o de excesiva sobreprotección). Muchas veces los tratamos injustamente y los ignoramos. De hecho, aumentan sin parar los casos de personas mayores que viven solas y cuyos cadáveres han sido encontrados en sus propios hogares, lo que evidencia la escasa o nula comunicación con sus familiares.

Algunos autores han escrito acerca de enfermedades neurodegenerativas como la demencia o el Alzheimer de sus padres. Y han explicado nuevas maneras de relacionarse con ellos que son distintas a las habituales, ya que lo usual era hacerlo a través del lenguaje (de ahí la importancia de los aspectos no verbales de la comunicación).

Algunos otros también lo han hecho acerca del intercambio de roles que se dan entre madre e hija o hijo. A mí me sucedió con mi madre, que padecía Alzheimer desde los 83 años. Viví muchas escenas tristes que me inspiraban ternura y pena a la vez. La recuerdo ensimismada cogiendo y repasando suavemente con sus manos una y otra vez, con mucho esmero y repetición, partes de su propia ropa o pañuelos. Los intercambios con ella eran sobre todo de tipo no verbal, es decir, mediante gestos, mimos, caricias y miradas cariñosas (en especial cuando yo la cogía de la mano o acariciaba su mejilla) que lo decían todo. ¡Qué momentos tan entrañables y emotivos a pesar de la situación! Quizás hubo muchos otros en los que ella, seguramente, no supiera que yo era su hija, pero al menos yo sentía que mi madre estaba conectada emocionalmente conmigo (y yo con ella). Estoy segura de que eso hacía que, al verme, ella se mostrase muy sonriente, con los ojos muy abiertos y muy receptiva al contacto mutuo (probablemente, sentía de alguna manera que yo era alguien muy cercano a ella y que la quería). Para mí supuso un cambio en la relación con mi madre, además de descubrir en ella una faceta desconocida para mí como lo cariñosa y dulce que podía llegar a ser, algo que quizás antes le costaba mucho expresar. Me sentí muy implicada, reconfortada y gratificada por ella a nivel emocional, a pesar de las serias limitaciones que acarreaba su deterioro.

Se ha dado un cambio social en los últimos tiempos. Antes los familiares eran quienes se ocupaban de sus mayores, pero ahora no. Es muy importante que en sus últimos años sean atendidos con cariño y tengan calidad de vida, no solo por parte de los suyos —y ahí me dirijo a los nietos—, sino también por quienes los atienden a nivel biopsicosocial y que suelen mostrar gran capacidad emocional y profesionalidad. Deberíamos focalizar nuestro esfuerzo en esa dirección. ¡Qué importante resulta que se escuchen las necesidades familiares, afectivas y relacionales desde su entorno más cercano y esencial!

También resulta imprescindible poder contar con medios de protección y apoyo personal por parte de los cuidadores, centros sanitarios, atención social, etc. (garantizarles un cuidado sociosanitario que les permita mantener sus rutinas cotidianas focalizadas en los hábitos y preferencias particulares, así como los espacios de intimidad necesarios para cada uno).

Así pues, en lo que a todos nos compete respecto de la situación específica de la vejez, ¿qué deberíamos poder mejorar como sociedad? Por un lado, una buena prevención nos puede ayudar a adaptarnos a la previsible discapacidad progresiva para mantener al máximo la autonomía. Por otro lado, procurar evitar la frustración personal que supone para todos enfrentarse a nuestra fragilidad física, a una posible restricción en las relaciones (para no llegar al aislamiento o a la soledad) o al riesgo de cierto menoscabo del propio valor personal, en relación con los demás. Asimismo, para retrasar al máximo la dependencia respecto de otros debemos promover el ejercicio y un contacto frecuente con las relaciones, cuidando mucho la sociabilización para estimular la experiencia vital.

Porque cultivar, mantener y cuidar las relaciones sociales evita el aislamiento. En definitiva, hay que tratar de favorecer un envejecimiento activo y fomentar la autonomía. Es esencial que los cuidadores y familiares que los rodean tomen conciencia en este sentido, mejoren la comprensión de la debilidad y aumenten la ternura hacia quien sufre, porque el enfermo no es ajeno a sus sentimientos y a su afecto. Considero muy necesario reivindicar su persona subrayando su individualidad y su propia biografía, y sustentar la identidad personal que tuvo, o que aún conserva, a pesar de su inhabilidad.

Es imprescindible transmitir a nuestros pequeños la importancia del amor y el cariño como algo decisivo en el cuidado de los mayores, así como la paciencia, el esfuerzo por continuar entendiéndolos y la proximidad al acompañarlos a lo largo de los días. Me encantó la película *El hijo de la novia,* en la que el actor Ricardo Darín, que representaba al hijo de la enferma, mostraba un amor sin reservas hacia su madre que la hacía sentirse querida, más allá del absurdo contacto con la realidad que aparecía en el film (la mamá casándose con su propio hijo, al que creía su pareja, porque tenía un viejo deseo: llegar a casarse por la Iglesia). En la película se dan situaciones cómicas que hacen pensar que nada de lo que se plantea es grave porque en la realidad no puede suceder lo que el personaje de la madre cree que es verdad. El resultado es que el hijo se encuentra a su lado y la acompaña con cariño, y que esa comunicación es lo que a ella le llega y le sirve. Pues bien, estas cuestiones sobre cómo cuidar bien a nuestros frágiles mayores no solo competen a los hijos, sino también a los nietos, como depositarios del patrimonio de las tradiciones familiares que vale la pena conservar, por lo cual debemos estimularlos en esa dirección.

7. La muerte

Todos nacemos, crecemos y morimos. La muerte está estrechamente vinculada a la vida, porque desde que nacemos —aunque resulte paradójico— todos nos encontramos con una serie de duelos por el camino. Llamamos «duelo» a la superación de las diferentes pérdidas que vamos teniendo a lo largo de la vida y cuya forma e intensidad es muy diversa. Unos duelos son esperables, pues contamos con ellos; por ejemplo: cuando a un niño, durante su proceso de crecimiento, se le caen los dientes de leche y aunque no le guste verse con esos huecos en la boca sabemos que es algo natural que les sucede a todos a esa edad. Es un proceso necesario para poder dejar paso a otros dientes más fuertes que serán definitivos; otro ejemplo: la menstruación que le llega a una púber y que, de alguna manera, da a entender la despedida de la infancia y el paso de niña a mujer. También resulta una pérdida cuando los jóvenes acaban la escuela y empiezan la universidad; cuando un chico se va de casa de los padres para formar su propio hogar con su pareja; cuando los hijos se instalan en otra casa y se independizan... Hay duelos que pueden carecer de importancia y, no obstante, no dejan de constituir verdaderas pérdidas emocionales: decir adiós a algún amigo que se va a vivir fuera mucho tiempo; cuando se acaban las colonias o campamentos de verano, donde nos lo hemos pasado muy bien; cuando terminamos de escribir un libro en el que nos hemos esforzado mucho y nos encantaba, etc.

Cada día abordamos una nueva jornada de crecimiento y de pérdidas, aunque esos duelos parezcan algo nimio. Cada día todos «nacemos y morimos» de alguna manera, puesto que comenzamos tareas o actividades que, aunque se consideren las mismas (tienen el mismo nombre), siempre las efectuamos de un modo algo diferente o con distintos matices. Es lo que nos hace sentir que podemos disfrutar con «lo nuevo que hay en lo viejo» y ya conocido (como sucede con nuestra pareja, los hijos, los colegas, el trabajo, etc.). Y eso se produce gracias a lo que aprendemos continuamente de los demás a través de diversas experiencias y a lo que vivimos e intercambiamos con ellos.

En otro orden de pérdidas severas se encuentra la muerte, que nos provoca un gran vacío e impotencia. Damos por sentado que unos mueren por ser ley de vida, como por ejemplo los ancianos cuando ya han recorrido un largo trayecto vital, y lo vivimos como una pérdida esperable sin que suponga algo demasiado abrupto para nosotros. Sería, más o menos, como pensar que «ya nos tocará». En cambio, no sucede lo mismo si la muerte le llega a alguien joven o muy joven; no es algo esperable. Ante la muerte de un ser querido todos nos sentimos desolados, afectados, tristes. No volver a ver a esa persona nos llena de sentimientos de impotencia y de soledad.

Hay duelos que no se esperan y provocan sorpresa; suelen ser repentinos y conllevan un cambio forzoso en la vida: la marcha de un gran amigo de la infancia a otro país que probablemente implicará no verlo más; que una mujer sufra un aborto, o que no pueda tener hijos; alguien a quien le comunican que le queda poco tiempo de vida a causa de una grave enfermedad, etc.

Hay duelos que nos pueden parecer pequeños. Otros, en cambio, nos resultan choques muy fuertes, como la muerte de un ser amado, un accidente que ocasiona la mutilación de un miembro, una enfermedad grave, un divorcio, que nos despidan de un buen trabajo, etc. Lo realmente sustancial y significativo es lo que la pérdida representa o significa para cada persona en particular. El duelo es algo subjetivo, tanto como personas existen en el mundo, todas diferentes.

Necesitaremos tiempo para sobrellevar, digerir y aceptar esa ausencia y la tristeza que nos provoca. Se nos pasarán por la cabeza muchos recuerdos vividos con la persona amada, experiencias compartidas, etc. Se supone que se necesitan aproximadamente dos años para superar un duelo importante. Aunque también depende de lo trágica o significativa que haya sido esa pérdida para cada uno y cómo esté por dentro en ese momento. En una misma familia, la muerte de uno de los miembros puede ser vivida de manera diferente por los demás, según el vínculo mantenido con él y lo que represente internamente para cada cual.

Hay pérdidas en la vida que resultan tremendamente traumáticas por ser repentinas o por la edad en que suceden. Muchas veces surge la culpa, nos recriminamos no haber hecho algo mientras aún vivía la persona fallecida, no haber estado más a su lado. En ocasiones, los pequeños pueden culparse de lo sucedido, como si fueran ellos la causa, y es necesario explicarles que eso no es así. Y es que, a cualquier edad, uno de los desencadenantes más comunes de los sentimientos depresivos es el duelo provocado por la pérdida de un ser querido, en casos como la separación, la ausencia o la muerte de alguien muy cercano.

En los casos de divorcio, los niños pueden padecer ansiedad. Les cuesta decir adiós y renunciar a sus padres cuando van a la escuela, de campamento o se quedan solos en casa. En relación con ello, hemos visto frecuentemente cómo muchos pequeños lloran y se aferran con fuerza a sus padres a la entrada del colegio o de la guardería, y lo mucho que les cuesta separarse de ellos, incluso para ir a su propia cama. Este tipo de ansiedad puede acompañarse de gran tristeza o de miedo cuando imaginan que algún miembro de su familia se puede morir, desaparecer de su vida o marcharse lejos para no volver nunca más. Existe la creencia de que los niños pequeños no padecen excesivamente estos duelos porque, en apariencia, parece no afectarles. Pero, en realidad, esto es una defensa ante las pérdidas para no sentir el dolor que supone los duelos. Tendríamos que estar muy atentos para detectar posibles signos que nos puedan indicar un sufrimiento que ellos no supieran o no pudieran expresar bien. Quizá la aparición de una súbita o excesiva inquietud, desgana, irritabilidad o ira. Así, si un niño de repente deja de aprender en la escuela probablemente indique la existencia de factores depresivos.

A los adultos nos suele costar mucho hablar de una pérdida o de la muerte con los niños y preferimos permanecer en cierto estado de negación, como forma de evitación, o con una actitud de distanciamiento para encararla. De ahí que, a veces sin darnos mucha cuenta, establezcamos diversas maneras para estimular la negación en los pequeños. Antiguamente se les evitaba la visión o mención de la muerte y ellos no entendían cómo se producía la ausencia de la persona que perdían, por lo que elaboraban suposiciones de todo tipo para explicarse lo ocurrido, lo cual no ayudaba demasiado y los confundía aún más. Hoy en día esto ha cambiado mucho, ya que les permitimos y facilitamos que se enteren de lo sucedido, compartiendo más con ellos la realidad de la pérdida.

Digerir un duelo requerirá el tiempo que precise cada cual. Pero no solo hará falta que el tiempo pase; será imprescindible poder verbalizar gradualmente muchos recuerdos llenos de sentimiento en torno a todo lo vivido con el ser amado. Esto se producirá a lo largo de un proceso que necesitará su propio recorrido; se precisará poder exteriorizar, en confianza, toda la pena vinculada con las experiencias vividas con esa persona; quizá poder llorar, permitirse estar triste, desganado o quejarse durante el tiempo que haga falta.

A veces sucede que ante una nueva pérdida se reacciona de forma intensa, incluso aparentemente exagerada. Algunos creen que es una reacción desproporcionada porque no se ajusta a la situación. Sin embargo, lo que sucede es que en ese momento se incentiva a nivel emocional la suma de lo previo, que aún estaba por resolver. Es bueno saber lo que es un duelo, qué tenemos que hacer y cómo poder resolverlo. Esto nos ayudará a avanzar en la vida con más comprensión, aceptación y flexibilidad, facilitando el camino y proporcionando más serenidad. Recordemos lo que decía nuestro admirado poeta Juan Ramón Jiménez: «El día no es un día de la vida: es la vida».

SEGUNDA PARTE
CONCEPTOS IMPORTANTES PARA LA VIDA

8. La reparación

En la vida es bueno que cuidemos todo lo que tenemos para que se conserve en condiciones. En la casa donde habitamos, siempre hay una cosa u otra que reparar (las paredes se ensucian y necesitan pintura o restauración, una ventana que no cierra, una persiana que se rompe, un toldo que no funciona, una baldosa o un cristal que se cuartea, etc.). Y las vamos arreglando porque queremos que nuestro hogar esté bien para que nos encontremos a gusto y con confort. Del mismo modo, llevamos el coche al taller mecánico para ponerlo al día o repararlo (a veces hay una rueda que se pincha, daños en la carrocería, algo de mecánica, etc.); la ropa se desgasta por las costuras, hay roturas en los pantalones, un botón que se cae, unas manchas en el vestido que no se van y hemos de llevarlo a la tintorería… Asimismo, las personas tenemos cosas que debemos reparar, es una forma de cuidarnos y atender a nuestra salud. Normalmente, llevamos un cierto control al respecto, es decir, vamos al dentista cuando se nos cae un diente o tenemos caries, al médico por una enfermedad, al osteópata o fisioterapeuta cuando nos duele el hombro o la rodilla, al oculista o a cualquier otro especialista. También cuidamos nuestro aspecto exterior, desde el aseo personal hasta incluso aspectos puramente estéticos. Todo ese cuidado nos hace sentir bien.

Pero sobre todo, ¡sobre todo!, a nivel emocional las personas también disponemos de una herramienta que surge de nuestro interior, la cual no solemos utilizar: la «reparación». Es decir, se trata de una acción por la que tratamos de ajustar, arreglar, compensar o restaurar algo que sentimos que ha perjudicado a alguien que queremos o que es importante para nosotros, o cuando creemos que no hemos actuado lo suficientemente bien. Desde muy pequeños se nos enseña que no está bien pegar al hermanito, rayar el dibujo de un amigo, romperle algo al compañero de clase en un arrebato, etc., y aprendemos a pedir perdón o a disculparnos después de explicar bien por qué no se puede hacer tal cosa. Es una forma de enseñarnos a cuidar las cosas y, sobre todo, a las personas de nuestro entorno; de remediar el error cuando, por algún motivo, se las ha podido perjudicar, ya sea este real y concreto o solo haya sucedido en nuestra imaginación (cuando sentimos odio o enfado respecto de alguien y, aunque no lo deseemos, en nuestro imaginario sentimos que lo dañamos).

Pero no todo el mundo sabe o puede pedir perdón o disculpas. A algunos les cuesta mucho, igual que a otros les puede resultar difícil pedir algo a alguien cuando les hace falta o lo necesitan. Sin embargo, lo que muchos no saben es que con la reparación uno puede sentirse mucho mejor si la ejerce y la sabe utilizar. Alguien puede enfadarse —¡tiene derecho!— y es posible que, muy irritado, levante la voz a alguien en un momento dado o tenga una fuerte trifulca que causa dolor a quien aprecia. A todos nos puede pasar. No es nada grave ni el mundo se va a hundir por ello. Dicen que equivocarse es de sabios y eso es muy humano. Pero no solo es algo propio de las personas sentir agradecimiento o estima hacia quienes nos ayudan a estar bien íntimamente. También lo es sentir rabia o animadversión, pese a que en la sociedad esto ha sido mal visto y se ha tendido a reprimir (cosa que, por sí sola, nunca resuelve el problema). Es importante reconocer estos sentimientos tan humanos y aceptarlos. Si nos damos cuenta de los errores cometidos o de cómo hemos podido perjudicar al otro, luego podremos aprender a rectificarlos y subsanarlos. Pero ¿de qué manera podemos reparar el daño?

Cada uno a su manera. Lo que cuenta es la intención de acercarse a esa persona, pedirle disculpas a nuestro modo y, si se puede, expresarle que queremos compensar de alguna forma el perjuicio ocasionado, ya sea verbalmente, ya sea con actos que demuestren un acercamiento y un cambio de actitud que suponga querer arreglar las cosas o bien de forma material, dejándole una nota afectuosa, haciéndole llegar un detalle de conciliación o afecto, regalándole algo hecho por nosotros, dándole dinero para compensar lo roto; o bien de forma afectiva, comprometiéndonos a hacerle un favor, ayudándolo con algo útil, diciéndole que nos acordamos de él, valorando facetas y detalles suyos positivos o acciones suyas que nos gusten. Cada uno como lo crea mejor. Con la reparación, no solo es el otro quien se podrá sentir mejor, sino también nosotros, ya que podemos aligerarnos el peso de la propia negatividad al darnos cuenta de lo que hicimos o, incluso, del posible mal humor con que se haya podido acompañar la acción.

Otra vía de restauración personal puede consistir en tratar de revitalizar nuestra vida aligerándola: a veces necesitamos cortarnos el pelo, renovar indumentaria, vaciar armarios de ropa, de libros… desprendernos de múltiples objetos que seguramente ya no utilizaremos más y dejar espacio libre a lo nuevo que sí necesitamos y queremos disfrutar en nuestro hogar. También en la vida tenemos que actualizar nuestro bagaje personal a medida que vivimos y según los requerimientos que vamos teniendo, que no siempre serán los mismos, ya que el recorrido está lleno de continuas y distintas pérdidas y ganancias.

La reparación desempeña un papel importante en nuestra vida porque somos conscientes de que en nosotros hay cosas que no van bien e, igualmente, existe un deseo de cambiarlas. ¿Quién no ha sentido cierta culpa por no haber podido hacer las cosas mejor en el pasado? Yo misma, revisando la infancia de mis hijos, ¡más allá de quererlos mucho y de buscar las mejores canguros del mundo haciéndoles un tercer grado en las entrevistas para que velaran bien por ellos cuando yo me dedicaba a trabajar! El síndrome de la madre imperfecta me acompañó durante mucho tiempo. Es algo que me ha pesado sobremanera, pero que, por otra parte y con el tiempo, he podido aceptar y tolerar más, entendiendo que pude dar lo que solo estaba en condiciones de ofrecer en aquel momento. Por otra parte, me reconforta pensar en otras cosas beneficiosas que, a su vez, les pude llegar a transmitir: el interés por la profesión, la capacidad de trabajo, la responsabilidad, valores... De manera paulatina, he ido sintiendo que podía reparar ciertos aspectos a través, por ejemplo, del cuidado de mis nietos. La disponibilidad se presenta ahora de otra manera. El hecho de que los abuelos podamos dedicarnos intensivamente a ellos compartiendo tiempo de manera distendida nos hace sentir que, de algún modo, eso también es una reparación personal (¡esas tardes juntos!: mientras escuchamos muy atentos música infantil; vemos con placer una y otra vez *Había una vez un circo;* cantamos, entre otras «Susanita tiene un ratón, un ratón chiquitín...»); les leemos cuentos o los acunamos y abrazamos antes de irse a dormir. ¡Qué buenas experiencias entre abuelos y nietos!

La reparación progresiva y continuada es importante para nuestra salud mental, ya que la acción nos puede ayudar a sentirnos mejor por dentro y reconciliarnos con nosotros mismos. Y es que, aunque a veces los demás no puedan captar del todo nuestra verdadera intención reparadora, como desearíamos, lo más importante es lo que nosotros Sí sabemos y captamos en nuestro interior; lo que Sí hemos hecho, arreglado o al menos hemos tratado de reparar. Nuestra conciencia y las emociones que nos acompañan nos lo agradecerán sobremanera. Somos nosotros quienes, probable y esencialmente, nos quedaremos con un sentimiento de satisfacción íntima, que producirá una cierta restauración interna.

9. Los valores

Llamamos «valor» a algo que es relevante para una persona. Es una especie de referencia sobre cómo debe ser y actuar cada cual consigo mismo y sobre cómo deben funcionar las relaciones con los demás. Llamamos «valores cívicos» a un conjunto de principios que dirigen el comportamiento de una persona o de la sociedad: confianza, honestidad, responsabilidad, coherencia, solidaridad, empatía, dignidad, generosidad, esperanza, coraje, tener más en cuenta la diversidad de razas, opiniones o el valor de vivir en paz, que no pueden separarse de la relación con los demás, porque todo ser humano está continuamente en contacto con otros, lo que implica poseer un sentido interno de comunidad. Desde una vertiente humana, ética y psicológica, son esenciales para la solidez personal y social y resultan básicos para la convivencia. Cada uno va formando su propia escala de valores, la cual se interioriza y nos ayuda a decidir cómo comportarnos sin ser apenas conscientes de ello. Aunque son permanentes en el tiempo y no se cambian con rapidez, también son flexibles, ya que, según vamos avanzando, nuestros valores se transforman y se van ajustando a nuestro contexto y necesidades.

Enfatizaré aquí la honestidad, un principio ético que ayuda a crear una sociedad más sana. Las personas honestas se caracterizan por el respeto que sienten hacia las buenas costumbres, los principios y los bienes de los demás. La honestidad implica que seamos capaces de construir relaciones basadas en la confianza.

Además, ser coherente con uno mismo en relación con lo que se dice y lo que se hace siempre genera un gran bienestar.

No se trata solo de ser y de comportarse en todo momento de una manera auténtica, sincera y respetuosa con los demás, sino también de exigir lo mismo a los que forman parte de nuestro día a día. En este sentido, a menudo se recomienda emplear ciertos filtros sobre qué decir o qué no (haciendo caso a un tipo de represión interna que así nos lo indica). Es natural, en especial cuando nos sentimos tremendamente enfadados, que no podamos decir todo lo que pensamos, y esto sucede por muchas razones. Una puede ser la de evitar algún conflicto si digo o explico al pie de la letra lo que estoy pensando o sintiendo. Es mejor que quede solo para mí o, si se me apura, compartirlo con quien yo quiera. En un momento emocional candente es importante no dejarnos llevar por lo excesivamente intenso y recordar cómo «rescatar» y ejercer nuestra capacidad para tolerar y contener nuestros sentimientos dañinos. Como miembros del grupo social en que vivimos y para lograr una buena convivencia, hemos de estar continuamente atentos a no dejarnos arrastrar por las previsibles tentaciones destructivas que surjan. El logro de nuestro equilibrio personal pasa por integrar las diferentes partes que conviven en nuestro interior como un todo (muchas de ellas positivas y sanas, pero también destructivas y dañinas, que trataremos de amortiguar).

Sabemos apreciar los valores esenciales y reconocerlos en los demás. En este sentido, son de admirar algunos gestos como los del adolescente que, al acabar de jugar cada partido de fútbol, se dirige a sus contrincantes y, tanto si su equipo ha ganado como si ha perdido, se despide de cada uno de ellos dándoles la mano simplemente por el placer de hacerlo y como símbolo de deportividad. Resulta prioritario tener en mente la necesidad de sentirse bien con uno mismo al guiarse por el deseo interno de hacer bien las cosas y no por complacer a todo el mundo. No obstante, no es fácil mantener la coherencia entre lo que se piensa y lo que luego se hace a lo largo de la vida. Se necesita coraje y una voluntad clara. Es importante que sintamos que la persona que tenemos delante y a quien creemos o respetamos como familiar, amigo o compañero, es sincera y auténtica en todo momento. La honestidad ayuda a ser genuino con uno mismo, porque en ella encontramos una actitud de bravura, valentía y clara intención de ser coherentes; es un pilar muy importante de respeto propio y hacia los demás. Si tratamos de sintonizar más con la propia conciencia (que nos guía por dentro), seguramente también sintonizaremos mejor con los demás, siendo dignos de confianza, leales, sinceros o cumplidores de la palabra dada. Si actuamos de forma honesta no solo viviremos más tranquilos y felices, sino que también seremos más apreciados por los demás. La educación en valores ayuda a las personas a cambiar el mundo de manera positiva.

10. La memoria

La memoria es una capacidad humana que nos hace retener en nuestra mente lo que aprendemos y vamos viviendo en la vida, en especial de pequeños, cuando somos como esponjas que lo absorben todo. Permite que recordemos sensaciones, hechos, vivencias, ideas o experiencias pasadas que nos influyen en la conducta actual. Las huellas siguen vivas y quedan en algún lugar alejado de la conciencia, aunque conscientemente solo podamos recordar a partir de los 3 o 4 años de edad. Se ha comprobado que también los animales tienen algún tipo de memoria, en particular los más evolucionados, como por ejemplo los primates, los perros, los gatos... Así lo he observado incluso con las palomas del jardín de la casa de mis suegros, cuando, alrededor de las doce del mediodía, iban apareciendo muy atentas (solían ser las mismas porque se podían reconocer fácilmente). Era curioso ver cómo revoloteaban y se posaban en el suelo, dirigiendo su mirada hacia el interior de la casa prestando mucha atención, sin miedo a los movimientos humanos y pendientes de que alguien saliera a lanzarles semillas con las que alimentarse.

La memoria emocional en el hombre se halla vinculada a las experiencias de satisfacción con los demás. A los abuelos nos gusta mucho revivir momentos con nuestros nietos, como el regreso a casa andando después de la guardería mientras nos muestran el camino a seguir. ¡Qué alegría recordar las diferentes calles por donde debíamos pasar!: «¡ahora por aquí!», «¡ahora hacia allí!», «¡no, por aquí no, por allá!». Y siempre llegando a buen puerto. Nos emociona ver que lo primero que el nieto pide al llegar a casa de los abuelos son las mismas pinzas de colores para tender la ropa con las que había estado jugando días anteriores, para volver a montar con esas pinzas un tren muy, muy largo y hacerlo circular por toda la casa. Son maneras de revivir antiguos buenos momentos vividos juntos. O cuando recreamos con ellos canciones infantiles que solíamos cantar en nuestra infancia, como una antigua melodía catalana sobre un niño que caminaba bajo un árbol. Esta se debe cantar entre dos: uno se coloca delante —es quien da la cara, pero sin cantar— y otro detrás —agachado, pasándole sus brazos por cada lado de la cintura y dirigiéndolos hacia delante, como si fueran los suyos, mientras canta—. Para hacerlo todo más real, a quien da la cara se le pone una especie de túnica o capa para que oculte al de detrás y no se le vea. Luego este empieza la canción gesticulando con sus brazos y sus manos de forma muy expresiva y siguiendo al pie de la letra lo que el otro va cantando («Jaimito sube al árbol... coge una manzana... qué rica que está... se cae del árbol... llora con gran sentimiento... se seca las lágrimas... sonríe contento», etc.). El resultado, para resumir, es que parece que solo uno canta y se expresa, quedando todo ello en una especie de juego gracioso entre la mímica de uno y las gesticulaciones del otro (las constantes equivocaciones que se suelen producir entre los ajustes de ambos hacen que todo el *show* resulte aún más divertido). Sencillas anécdotas como estas y tantas otras igual de ocurrentes forman parte de pequeños y gratos recuerdos con los nietos que se albergan en la memoria. Experiencias que uno no recuerda durante mucho tiempo se hacen conscientes en un momento dado de la vida y, con mucha viveza, constituyen nuestras memorias emocionales. Estas van más allá del lenguaje hablado. Situaciones como las de una adolescente que lleva con satisfacción una prenda que perteneció a su querida bisabuela paterna (que probablemente rememora el reconocimiento de su figura y la proximidad afectiva hacia ella), así como unas cartas con bonitos dibujos realizados por los más pequeños que sirven para la despedida de un ser querido, son muestras de afecto y gratitud. Nos reencontramos con recuerdos al sentir olores, texturas, sensaciones y reacciones corporales, vivencias que nos traen, a su vez, recuerdos que despliegan nuestras emociones. Y estos climas afectivos, que es lo más permanente en nosotros, se manifiestan según nos lo facilite o nos lo inhiba el contexto en el que vivimos.

Es por ello que podemos captar emociones a través de la denominada «transferencia». Es la vía de transmisión interpersonal por la que pasamos algún tipo de memoria emocional propia con quien nos relacionamos. De alguna manera, experimentamos y evocamos a nivel emocional estos «recuerdos-afectos», incluso de forma inadvertida, y establecemos cierto *feedback* en la interacción con el otro. Así, la transferencia favorecerá el desarrollo o, según el caso, la inhibición de nuestras emociones básicas con respecto a los demás y viceversa. Por eso se trata de una herramienta esencial para desplegar lo que todos llevamos dentro. Es así como captamos, aunque sea muy sutilmente, el estado de ánimo de otra persona. Todos solemos sentir (si estamos en conexión interna con nosotros mismos) la sintonía, la cercanía, el rechazo o la necesidad de una toma de distancia que alguien nos transmite. A través del lenguaje no verbal nos llega su actitud, ya sea receptiva o no. Es decir, nos lo transmite al igual que nosotros se lo transmitimos también, tendiendo a reproducir nuestras experiencias emocionales en la relación con ellos. Es nuestro propio «sello» inconsciente, que sale a la luz a través de las características específicas del vínculo mutuo. Soñar y hacer asociaciones mentales suelen ser otras vías para poder rescatar recuerdos del pasado o percibir significados que muchas veces escapan a la observación o a la escucha directa de las palabras (en especial si contamos con la ayuda de expertos).

En otro orden de cosas, es probable que todo el mundo haya tenido alguna vez la sensación de que algún dato se ha borrado de su memoria o tener la certeza de saber algo pero no ser capaz de dar con ello en ese momento. Cada vez que se aprende algo, se crea un nuevo trazo de memoria que, si no se repite o recrea durante un tiempo, pierde fuerza y se debilita, con lo que puede llegar a desaparecer y acarrear la subsiguiente pérdida de información que eso comporta. A veces el fallo a la hora de evocar la información puede ser causado en situaciones momentáneas; por ejemplo, si estamos muy cansados o preocupados por alguna cosa el acceso a la información se puede trabar, si bien es probable que en otro momento de mayor calma o tranquilidad esta se recupere con más facilidad en nuestra memoria. Otras veces pensamos que hemos olvidado algo cuando, en realidad, lo que sucede es que no prestamos suficiente atención porque estamos distraídos o porque esos datos no nos interesaban o no nos estimulaban lo suficiente.

Para que una información pueda grabarse bien, conviene asegurar que los sentidos estén bien receptivos (aunque hemos de tener en cuenta que, a medida que envejecemos, el funcionamiento cerebral varía y dejamos de contar con la misma capacidad memorística que de jóvenes). En ocasiones, olvidamos algunos hechos, sobre todo los que son de naturaleza traumática o turbulenta. Es la memoria emocional, la que forma y guarda los recuerdos inconscientes de estos hechos. Así, intentamos evadir o minimizar el impacto emocional negativo que aquellos puedan ocasionar. Somos incapaces de recordarlos si suceden en momentos precoces de la vida porque el hipocampo —situado en el cerebro— aún no ha madurado lo suficiente como para formar una base de memoria, conscientemente posible. Serán las buenas experiencias de la vida, vividas gratamente y con gozo, las que más favorecerán que podamos guardar en nuestro interior los recuerdos que nos ayudan a crecer bien. Aunque sobre todo será lo que más nos motive a nivel emocional.

Por eso es tan importante que disfrutemos mucho con todo lo que hagamos y tengamos entre manos. Esto formará parte de nuestro patrimonio y capacidad interna. Tengamos la edad que tengamos, vale la pena tener presente y no olvidar nunca que podemos seguir jugando como cuando éramos pequeños, si bien en cada franja de edad la forma de jugar será diferente; puede que incluso llegue a ser prácticamente igual. ¡Doy fe de ello! Nunca habríamos podido imaginarnos jugando con los nietos, tocando panderetas, trompetas, corriendo tras ellos o arrastrándonos de rodillas por el suelo como un niño más, mientras cantamos y nos olvidamos de nuestra edad real, o gritamos, riendo a carcajadas, y nos escondemos tras las cortinas de una habitación, como ellos. ¡Estoy segura de que los abuelos recordaremos vivamente estos momentos de placer!

11. El miedo

El miedo a una emoción que brota en todas las personas en un momento dado y con determinada intensidad. Pero no todo el mundo lo vive de igual manera ni lo causan las mismas circunstancias. Por lo tanto, las reacciones dependerán de lo que el miedo represente para cada cual.

Ante una catástrofe, la reacción humana natural es el miedo, y eso hace que afecte al estado de ánimo (en especial si uno se queda atrapado viendo constantemente las noticias tremendistas que dan por la tele). Al principio, uno podría quedarse del todo bloqueado, pero luego reaccionaría y actuaría. Si bien existe algo concreto y el miedo es real, la reacción y las vivencias personales ante él son subjetivas. El desconcierto puede hacernos creer que no podemos hacer nada, que nos hallamos atados de manos y pies ante la incertidumbre que el futuro nos depara. Muchas veces este estado de alarma interna provoca que nos preocupemos, anticipemos el futuro y pensemos todo negativamente, y demos lo terrible por sentado o como algo seguro. Así nos visualizamos a nosotros mismos como temerosos, frágiles y sin capacidades, en lugar de visualizarnos bien y en positivo. Nos sentimos cada vez más angustiados y entonces ¡ya es demasiado tarde! A veces se alarma a los demás con una llamada de auxilio, para que alguien haga algo o nos eche una mano para poder salir de ese estado de sufrimiento. Si nos quedamos «rumiando» todos estos pensamientos, nos alteramos, nos sentimos atemorizados antes de tiempo por lo que todavía está por venir (lo cual tampoco podemos saber porque no controlamos el futuro). Lo más seguro (esto pasa muy a menudo) es que no llegue a ocurrir nada de lo que nos habíamos imaginado. A no ser, ¡claro está!, que hayamos hecho méritos para actuar de forma fatalista y destructiva, y no hayamos hecho nada para ir en otra dirección.

La creencia que tiene la gente en las supersticiones (la suerte, la magia, los poderes supraterrenales, «si pasa esto, querrá decir que sucederá aquello», «si empiezo con el pie derecho, hoy me saldrá todo mal», «si me pongo esta chaqueta, no tendré suerte», «si llevo esta piedra en el bolsillo, seguro que me calmaré», etc.) suele denotar una falta de confianza en uno mismo. La gente que se siente muy desvalida y frágil internamente necesita poner todo el poder y la fuerza en algún lugar fuera de sí, del que ellos dependan y al que atribuyan toda la responsabilidad, pero no se dan cuenta de que así se vacían de su propio poder o capacidad para solucionar las cosas por sí mismos, alejando la autoconfianza. Si no aprendemos a manejarlo, el miedo nos oprime y puede estancarnos en una situación de agarrotamiento, desconfianza o irritación que nos impide estar bien. Por ello, y de forma preventiva, es bueno poner palabras a los sucesos que nos alteren o que creen un impacto emocional en nuestras vidas. Hablar de las cosas tal cual son o como suceden en realidad (un accidente, una muerte, una desgracia, que son propios de la vida misma), aunque parezca contradictorio, pone coto y calma la mente, sin dar pie a posibles elucubraciones o distorsiones imaginarias, en especial en los niños (siempre que no se les explique con crudeza), porque al dar forma y concretar el hecho se evita que aquello tan impactante emocionalmente cree aún más desconcierto y se quede enclaustrado de manera confusa o fantasmagórica, lo cual representa el origen de muchos de los miedos en el ser humano.

Desde otra vertiente y en relación con ello, no debemos perder de vista que todos tenemos miedo ante lo que desconocemos de nosotros mismos. Solo conocemos, y a duras penas, nuestra parte consciente, lo más externo o manifiesto de las cosas. Pero nos resulta difícil reconocer nuestra parte más íntima, la que más desconocemos, que se manifiesta la mayoría de las veces más allá de nuestro control y que, aunque parezca mentira, es la que tiene más fuerza a la hora de la verdad en nuestra vida cotidiana. El inconsciente se halla albergado en nuestro interior e influye en nuestro funcionamiento personal. Lo queramos o no, lo consciente y lo inconsciente son nuestros «compañeros» internos alojados en nuestra mente a lo largo de la vida y en el transcurso del tiempo. El inconsciente es muy sabio y acaba manifestando otros aspectos de nosotros mismos que también requieren salir a la luz y expresarse (a veces con miedo o sufrimiento, pero otras muchas con la creatividad que surge de ellos, aunque nos parezca contradictorio). Lo inconsciente se manifiesta a través de fantasías que se nos ocurren, creencias, sueños, asociaciones libres, algo nuevo o diferente que nos viene a la cabeza, lapsus cuando hablamos, equivocaciones, actos involuntarios, etc., que surgen de nuestro registro interior. Y, aunque aparentemente no tengan conexión alguna con nosotros o con lo que nos sucede, en realidad sí la tienen.

Detectar nuestros miedos y darles un espacio para reconocer su existencia puede contribuir a tolerarlos y a aceptarlos sin acobardarnos ni sentirnos paralizados. Si luchamos contra ellos, nos amargaremos la existencia y crearemos desasosiego y malestar. Si, al cabo del tiempo, uno se deja invadir por ese estado emocional, no verá nada más y es fácil que nos hundamos. Sin embargo, más allá de lo que realmente suceda, siempre disponemos de nuestra propia libertad para dirigir la conducta en una u otra dirección en la vida, dentro de nuestras posibilidades. Hay vías que podemos emplear para lograrlo y nos sirven para encontrar una mayor estabilidad personal, como, por ejemplo, mantener horarios o hábitos para realizar las cosas cotidianas, procurar hacer ejercicio como forma de cuidarnos físicamente, hacer los deberes que se deben presentar en la clase del día siguiente, no dejar pasar el encuentro con el amigo con quien se ha quedado para hablar, dedicarnos a la actividad o pasatiempo que nos agrada (leer, dibujar, pintar, escribir, hacer trabajos manuales, ir al cine, ver series, hacer cursos, jugar al ajedrez con papá, etc.). Y también promover el contacto regular con los seres queridos.

Si junto con ese miedo natural, sin esconderlo ni negarlo como si no existiera, uno también procura centrarse en otras cosas que igualmente forman parte de su vida, es seguro que no quedará tan afectado a nivel emocional y podrá vivir más tranquilo. En este sentido, sirve mucho practicar la flexibilidad, es decir, no centrarse únicamente en lo negativo que nos angustia y oculta todo lo que está más allá y no percibimos. Podemos aprender a salirnos de ese foco oscuro (que se convierte en el único que existe en la vida cuando nos quedamos mirándolo fijamente). Si solo vemos el color negro, no podremos apreciar los otros colores de la paleta de pintura que también están ahí. Poner nuestra atención en cómo son los diferentes colores de la vida: verde, amarillo, azul, blanco, etc., nos ayudará a modificar el panorama oscuro en el que podamos hallarnos y será posible contemplar otras realidades satisfactorias con más claridad, serenidad y confianza. Pensar supone darnos tiempo para tomar una distancia suficiente tanto de los *inputs* internos como de los externos. Imaginar un acto futuro, mentalizarlo o preverlo en positivo y de forma satisfactoria contribuye a que salgamos del encierro o de la creencia fija, que no nos sirven. Además, siempre podemos aprender a ampliar nuestra perspectiva para saber apreciar, valorar y disfrutar muchas más cosas que también se hallan presentes en nuestra vida y que nos ayudan a ser felices.

12. La incertidumbre

A lo largo de la vida suceden acontecimientos inesperados que afectan, en mayor o menor medida, las rutinas diarias a las que estamos habituados y que nos resultan más o menos familiares. Y como los hombres somos animales de costumbres, según se dice popularmente, los cambios y lo imprevisto nos producen angustia. Tendemos a repetir lo que nos garantiza cierta comodidad. Nuestras «zonas de confort», ya conocidas por nosotros, suelen estar a nuestro alcance. Y ante la incertidumbre frente a algo que requiere tiempo para resolverse, y por lo tanto sin tener las respuestas inmediatas que querríamos, nos inquietamos porque nos hacen salir de la seguridad y afrontar la novedad. Lo desconocido es algo difícil de soportar y muchas veces no sabemos cómo hacerlo. Sin embargo, no afecta a todo el mundo por igual.

Los cambios que se pueden dar a nivel físico, emocional y conductual (ansiedad y bloqueo) pueden aumentar a medida que la incertidumbre se mantiene y perdura en el tiempo. De ahí que un estrés excesivo que no sepamos afrontar o gestionar nos pueda debilitar o provocar consecuencias dañinas para nosotros mismos. Para reducir el miedo, pensar en las posibilidades de que algo suceda o no nos aporta una visión más realista y disminuye el temor. Cuanta más información —sin que llegue a ser excesiva, porque entonces podrían invadirnos pensamientos catastrofistas— y cuanta mayor flexibilidad sobre las cosas tengamos, más perspectiva ganaremos sobre el miedo y mejor podremos prepararnos para afrontar el suceso preocupante (como ocurre, por ejemplo, ante una enfermedad cuando preguntamos por los pros y los contras de una operación, las posibilidades de enfrentamiento o de riesgo, etc.). La realidad nos ayuda a poner límites y a prepararnos. Preguntarse: «¿qué es lo que más me preocupa y por qué?», o bien «¿qué es lo peor que me podría pasar?», puede ser una buena idea porque constituye una manera de ponerle freno a la mente, una forma de parar. Es importante aprender a frenar los pensamientos negativos cuando estos nos absorben. Y, en este sentido, resulta muy útil cortar lo que estoy haciendo para hacer otra cosa, hablar con alguien, cambiar el chip (como a un chiquillo que llora asustado y se le indica otra salida: «¡mira cómo canta aquel pajarito!», y con eso se distrae). Esto ayuda a que aquellos pensamientos pierdan trascendencia y fuerza.

Al igual que sucede ante las pérdidas, los niños podrían reaccionar estrechando su vida emocional, entre otros, a través del desánimo, de conductas inhibidas, fallas de atención y concentración, disminución del rendimiento escolar o, en sentido opuesto, un exceso de excitación, sobreactuación e hiperactividad. Proporcionarles alguna información, no excesiva y más acotada, sobre algo preocupante puede ayudarlos a identificar el problema mejor que no decirles nada al respecto, dejándolos «a la intemperie» (como cuando antes se decía: «los niños pequeños no se enteran de nada»). Ellos captan que algo sucede, aunque no sepan exactamente qué es; por eso el lenguaje no verbal puede tener mucho mayor impacto que un escueto relato al respecto. Y es que los niños pequeños son más «cuerpo» que «verbo» o pensamiento, lo cual hace que permanezcan más atrapados en lo concreto, de forma plana, sin posibilidad aún de poner distancia. Si a un niño que se encuentra preocupado o inquieto ante algo incierto que le crea angustia podemos facilitarle que juegue o dibuje (cosa que por lo general es un placer), permitimos que consiga representar simbólicamente sus miedos y ansiedades ligadas a ello, además de posibilitar que no permanezca atado mentalmente ni por completo a una sola posibilidad imaginaria y amenazadora que lo atenace. Es una vía para que pueda comunicar, mediante la imaginación, aquello que le cuesta explicar o sacar a la luz. Y esto es algo que también nos sucede a los adultos si podemos expresarnos artística o plásticamente. Por lo general, cuando un niño juega, a través de su propia capacidad para fantasear y comunicar diversas realidades posibles no solo es capaz de enfrentarse a la incertidumbre o a algo que teme (intentando transformarlo lúdicamente de forma ficticia), sino que, a su vez, se suele relajar y tranquilizar en gran medida.

Igual sucede con los adultos cuando tratamos de esclarecer lo que no vemos y preguntamos acerca de lo que no entendemos bien. Eso es mejor que permanecer en silencio, frenados, sin atrevernos a preguntar, bajo el supuesto de que ya deberíamos saberlo o de no importunar al otro para que no padezca ni se preocupe. Como si nosotros supiéramos de antemano y decidiéramos por él, en vez de hacerlo él por sí mismo. Ante el desconocimiento, es legítimo pedir más información para ampliar y saber más sobre lo incierto, sobre lo que es nuevo y desconocido, porque esto hará crecer nuestro propio pensamiento, que es el que nos servirá de guía no solo ante esa incertidumbre concreta, sino también ante la vida.

Si obtenemos más datos acerca de lo desconocido que nos inquieta, estaremos contribuyendo a iluminar la oscuridad y permitiremos que, a su vez, nos acompañe la duda (dudar es muy bueno, aunque no lo parezca). Dudar nos hace tener en cuenta no solo un punto de vista, sino otros que se sitúan en el panorama. En un primer momento, dudar representa un incordio, ya que enseguida queremos seguridad. Pero, con la paciencia necesaria y el tiempo preciso para estudiar a cada uno, tener en cuenta los distintos puntos de vista que nos hacen dudar posibilitará que nos decantemos, por fin, hacia el que consideremos más claro. Así, será más fácil que nos inclinemos en esa dirección concreta, la sigamos y salgamos de la incertidumbre por nosotros mismos, sin pedir o esperar a que otra persona sea quien decida por nosotros o nos convenza rápido, pues, aunque eso nos aliviaría, quitaría fuerza a nuestro propio proceso para llegar a aclararnos. Sin embargo, eso no se contradice con el hecho de que pidamos consejo cuando así lo creamos conveniente.

Ningún ser humano puede entenderlo todo ni saberlo todo. A veces uno puede estar desorientado y sentirse confuso; aunque no lo parezca, eso pasa a menudo y a todas las edades —como ocurre, por ejemplo, con los niños y su desconocimiento e inquietud ante un nuevo curso escolar, del cual solo saben que conllevará cambios que podrían afectar a seguir junto a sus amigos preferidos—. Es bueno que seamos conscientes de que nunca se puede tener el control de todo, porque tenerlo todo controlado no siempre depende de uno. Solo es posible lograr nuestro propio control para gestionar nuestras emociones y estar más tranquilos ante la incertidumbre si podemos respirar profundamente centrándonos en nuestro cuerpo, en el aquí y ahora, es decir, en el presente, con los cinco sentidos puestos en la situación actual o a corto o medio plazo, no más allá, porque todavía lo desconocemos. La relajación y la meditación también ayudan. Hacer un poco de deporte aumenta las endorfinas e incrementa el propio bienestar, ya que el ejercicio físico sirve además para reducir el estrés.

Aceptar la incertidumbre para actuar en consecuencia (dentro de nuestras limitadas posibilidades) es la manera más saludable de vivirla positivamente. Confiar en nosotros mismos es el principal secreto que siempre debemos tener presente. Si algo preocupante sucediera, ya «espabilaríamos», pues usaríamos la intuición, junto con nuestros recursos y capacidades. Seguramente se nos ocurrirá algo y podremos pensar: «¡Me tengo a mí mismo aparte de los que me quieren, en quienes también confío!».

13. La salud mental

La Organización Mundial de la Salud (OMS) se refiere a la salud mental como un estado de bienestar en el que el individuo despliega sus propias capacidades, puede hacer frente a las tensiones naturales de la vida, trabajar de forma productiva y fructífera y contribuir al desarrollo de su comunidad. Supone el bienestar emocional, psíquico y social de la persona, que influye en cómo piensa, siente y actúa ante momentos de más o menos estrés en su vida. Freud decía que, para él, la receta consistía en «Amar, Trabajar y Jugar». Entendemos por «amar» una manera de dar a los demás lo que a mí me gustaría que me den (amor, valoración, cariño, atención, favores, ayuda, agradecimiento, satisfacciones, apoyo, dedicación, escucha, etc.). Se entiende por «trabajo» cualquier rendimiento o producción propia que nos aporta un beneficio y satisfacción. Puede ser remunerado (lo que ayuda a apañarse a nivel económico) o no remunerado, pero proporciona bienestar a uno mismo. Entendemos por «juego» aquella actividad lúdica por la que uno no se toma concreta y exactamente o con seriedad las cosas de la vida. Se trata asimismo de una actitud humana desenfadada en la que uno se ríe, se lo pasa bien, se divierte, bromea o actúa —incluso «de mayores»—, que puede recordarnos a cuando éramos pequeños y nos lo pasábamos tan bien.

Una de las cosas más deliciosas que podemos experimentar en la vida es cuando hay conexión entre el trabajo y el juego, y entonces lo profesional/laboral se convierte en algo lúdico que da placer. Es en este caso en el que se vive y se disfruta plenamente. Años atrás teníamos la idea de que «salud mental» significaba que una persona «era» totalmente «normal» o «estaba» del todo enferma, algo similar al «o blanco o negro». Sin embargo, gracias a los avances en los estudios e investigaciones médicas, psiquiátricas y psicológicas, se han desmitificado estos conceptos sobre salud y enfermedad y ahora se considera que toda persona tiene en su interior componentes de ambos estados, esto es, partes sanas y partes no tan sanas. Todos tenemos fortalezas y debilidades, luces y sombras, problemas y momentos de satisfacción combinados con otros más sombríos; lo saludable es procurar que haya un equilibrio interno, tratando de fomentar que la parte más sana cuide u ofrezca contención a la parte más insana o enferma. Todos somos mente y cuerpo y no se puede desligar una del otro.

Es por ello que, a menudo, el cuerpo «habla» de modo que exterioriza su sufrimiento a través de enfermedades o reacciones ante lo que la mente no puede explicar o «traducir» o de forma suficiente. Muchas veces hacemos palpable nuestro sufrimiento interno de cara al exterior. Y entonces enfermamos o tenemos las defensas bajas en situaciones de estrés personal o sufrimiento que no podemos expresar y que se exteriorizan de modo psicosomático. Son síntomas y diversas manifestaciones de la salud como, por ejemplo, llagas en el estómago, cáncer, caída repentina del cabello, tartamudez, apendicitis, ansiedad, depresión, etc. En otras ocasiones, cuanto más alejado esté uno de sí mismo, o no sea plenamente consciente de los signos que le indican que se está sobresaturando, más razón habrá para que aparezcan otras manifestaciones que pueden llevar a perderse o descompensarse, sentirse aturdido o confuso a nivel mental.

Quien más, quien menos ha podido sentirse en algún momento como ese niño en el que, debido al nacimiento de un hermanito, afloran los celos ante la posible «pérdida total de su trono como príncipe» en la familia (sentimientos que son naturales y esperables en la vida de todos). Es como si se perdiera para siempre su lugar de hijo querido, lo que incrementa que nos sintamos «destronados», que creamos que han dejado de querernos o que perdamos para siempre la tranquilidad personal. Y es posible que, de pequeños, expresemos estos sentimientos pegando o siendo agresivos; o que, por el contrario, nos aislemos, inhibidos, y permanezcamos solos en un rincón, esperando que alguien se dé cuenta de nuestro sufrimiento y haga algo. Pero, de mayores, tenemos más recursos, aunque a veces a uno le resulte difícil pedir ayuda porque no es plenamente consciente de que está mal o porque cree que podrá solucionar sus problemas solo, sin ayuda de nadie. A veces reconocer la necesidad del otro hace que nos sintamos excesivamente frágiles o incapaces, y entremos en un bucle de mayor alejamiento y tardanza para recibir la ayuda que necesitamos. Así se puede cronificar aún más el sufrimiento y la posible enfermedad al no abordarlos adecuadamente.

Entonces aparece la ansiedad, uno de los síntomas más comunes que afecta a todas las edades y que está presente en casi todos los trastornos. Sin embargo, lo importante es el buen ajuste que se le pueda dar cuando surge, la cantidad y el tipo de cualidad de la ansiedad, así como la manera que tiene cada persona de poder manejarse con ella. Si los signos de ansiedad aparecen de forma puntual no se consideran un problema, ya que, por regla general, acostumbran a ser respuestas humanas esperables a situaciones angustiantes. Podemos explicar la ansiedad de modo verbal, vinculándola tanto cuantitativa como cualitativamente con el estímulo que la desencadena («estoy muy angustiada porque mi hijo padece una enfermedad muy grave»; «acabo de perder mi trabajo»; «tuve una fuerte pelea con mi hermano»; «rompimos con mi pareja», etc.). Cuando la ansiedad sobrepasa la comprensión concreta de lo que la puede generar, hablamos de una variante más seria, desencadenada quizá por algún hecho estresante que hace estallar todo lo que hemos acumulado durante un tiempo. Entonces puede convertirse en grave si se concreta en manifestaciones estables, regulares y continuas que afectan al funcionamiento personal y requerirá de soporte psiquiátrico para garantizar una mayor estabilidad personal. Es como cuando a uno le falta alimento o techo para vivir; su capacidad para poder pensar queda muy comprometida, al sentir que las necesidades más básicas de afecto y reconocimiento le fallan. En este caso, será necesario recomponer el atasco vital y recuperar las riendas de la propia vida.

A medida que crecemos, lo esperable es que aprendamos a contener más nuestros impulsos, así como otras vías de expresión y de canalización de estos sentimientos que nos hacen sufrir, de tal forma que no ocasionen un daño real o material al otro, pero que tampoco nos lo hagamos a nosotros mismos. Así sucede con los sentimientos depresivos o autoagresivos, cuya intensidad puede llegar a perjudicarnos a todos. Sin embargo, ahora hay una mayor conciencia y sensibilización social sobre la salud mental. Ya no se considera tabú hablar de ella, sino más bien una necesidad relacionada con el cuidado y la atención personal. Porque, cuanto más hablemos y nos concienciemos de su existencia, poniendo nombre a sus manifestaciones reales, mayor implicación y abordaje útil de los problemas habrá por parte de todos.

Existen varias corrientes dentro de los estudios de la psicología humana. Creo que todas son buenas y aportan algo. Es como si para ir a Roma, unos tomaran un camino y otros cogieran otro, pero, al final, todos llegan a la ciudad. La corriente del psicoanálisis, que es la que conozco en mayor medida, nos habla del equilibrio entre nuestra parte más consciente, que entendemos mejor, y nuestra parte inconsciente, que desconocemos. Ponernos en manos de expertos que nos ayuden a desentrañar algo de lo que no sabemos, no entendemos o no podemos ver bien de nosotros mismos es aconsejable; muy especialmente si ello nos ocasiona un intenso sufrimiento personal. Por eso se nos recomienda a todos los profesionales que trabajamos en clínica que sigamos terapia personal para que, conociéndonos mejor, podamos ayudarnos más a nosotros mismos y, por consiguiente, a las personas que tratamos.

Si aumentamos el conocimiento sobre nosotros mismos, siempre que no se convierta en una rumiación excesiva o en egocentrismo, contribuiremos a manejar nuestra vida. Y es que casi todo lo que discutimos o por lo que nos preocupamos suele representar una pérdida de energía personal. Entonces, ¿por qué tanto sufrimiento? Es saludable que a veces nos podamos preguntar: «¿por qué me enfado tanto por una cosa que a lo mejor no tiene tanta importancia?», «¿qué reacciones suelo repetir o tienen riesgo de reproducirse?», «¿qué recursos y cualidades personales poseo?» o «¿qué elementos de mí mismo me causan problema?», «¿qué tiene que ver conmigo y qué no?», etc. Identificando los problemas, mientras desenredamos y ablandamos nudos internos (con sus equivocaciones y malentendidos), promovemos una mayor comprensión y regulación de las emociones propias y de los demás. Un sabio africano pensaba que existían tres tipos de verdad: «Mi verdad, tu verdad y la verdad de la realidad». Y, ciertamente, conviene tenerlas todas presentes.

14. La gratitud

La palabra «gracias», que pronunciamos cuando alguien nos da o nos dice algo en beneficio nuestro, tiene más importancia de lo que pensamos. Por una parte, es una palabra que desde pequeños nos enseñan como muestra de respeto hacia los demás y también de amabilidad y cortesía. Muchas veces agradecemos de forma automática, sin casi darnos cuenta, y por ello a menudo dar las «gracias» se puede vaciar de contenido. Pero, aunque suene algo convencional, superficial o formal, agradecer contribuye a hacer la convivencia más amable y agradable. En especial si cuando expresamos agradecimiento es de corazón y con un verdadero sentimiento de gratitud.

Pero la palabra «gracias» también tiene otro sentido más profundo, según un proverbio chino que dice: «Cuando bebas agua, recuerda la fuente», esto es, resulta importante aprender a valorar y a reconocer siempre a la persona que nos da algo bueno que no tenemos, que nos enseña algo nuevo que nos beneficia, y que recibimos con gusto y gratamente; algo nuevo con lo que quieren obsequiarnos, que podríamos necesitar o nos agradaría tener, o que habríamos tratado de buscar sin encontrarlo porque, quizá, lo habíamos perdido y alguien lo habría recuperado para nosotros. Puede ser algo que nos haya sorprendido gratamente al recibirlo, que nos haya puesto contentos y que desde ese momento enriquezca un poco más nuestro «patrimonio personal», pasando a formar parte de nuestras pertenencias a partir de ahora. Un regalo implica que se ha pensado exclusivamente en ti. Y con este acto te sientes valorado, reconocido íntimamente e importante para quien te lo ha dado (a pesar de que muchas veces no se acierte del todo con lo que en realidad se desea). Cuando no se agradece, es como si no hubiera sucedido nada, como si nada nuevo se hubiera producido, como si fuera lo mismo haberlo recibido que no. No agradecer es quitar importancia o minimizar el valor de lo que se da; es quitar reconocimiento no solo al regalo en sí (que no deja de ser algo material), sino también a quien te lo da (algo emocional). Es como si, con esta falta de verbalización tan sencilla, se negara la posible acción satisfactoria que se ha producido internamente con ese obsequio/saludo/palabra… Como si lo recibido fuera algo a lo que uno tuviera derecho porque sí o porque «toca», sin tener nada que ver con el otro, que es lo que realmente permite el reconocimiento de un valor ajeno. Así se evita que aquello recibido quede bien instaurado dentro, al no ser reconocido por uno mismo, como tampoco la persona que lo entrega puede sentirse tenida en cuenta. En la vida, únicamente el reconocimiento pleno de aquello que los demás nos dan, junto con el correspondiente agradecimiento sincero y sentido, puede permitir que se produzca en nuestro interior, en nuestro corazón, un enriquecimiento emocional al «coger, recibir, obtener o sentir» algo nuevo gracias a quien nos lo ha proporcionado. Esto no solo es aplicable a los regalos materiales, sino que también debemos considerarlo cuando alguien nos dedica su tiempo, nos expresa palabras de afecto, nos escucha, nos hace algún favor, nos demuestra paciencia con nuestros errores o equivocaciones, nos presta atención, etc.

Todo comienza de bebés, cuando no podemos hacer nada solos y precisamos continuamente que otros nos cuiden y nos aporten lo que requerimos para sobrevivir; pero, de mayores y adultos, también necesitamos a los demás porque nos ayudan a vivir. En la vida solo podemos crecer bien si constatamos que lo que nos dan es bueno y nos «alimenta» o nos sienta bien de alguna manera. Solos, es decir, por nosotros mismos, no podemos hacerlo todo, darlo todo, ni conseguirlo todo.

Dar las gracias de forma sentida y valorar lo que nos han dado produce en nuestro interior un verdadero agradecimiento íntimo, a la vez que valoramos a la persona que nos lo ha entregado. Como hemos dicho, es algo que al mismo tiempo y sin darnos cuenta nos enriquece como personas.

Por otra parte, podemos buscar un gesto que exprese gratitud para que le llegue al otro, encontrando nuevas formas de mostrarle agradecimiento autentico más allá de las palabras. Dar con un modo creativo de expresarlo, sin esperar nada por ello, es el camino para agradecérselo de forma sincera. Lo hacemos por ellos, pero también por nosotros. Porque agradecer es a menudo tan gratificante como recibir.

Un hombre le preguntó a Buda cómo ser feliz. «Dale algo tuyo a los demás», le aconsejó. «No tengo nada», le dijo el hombre. Y él le respondió: «¡Sí tienes! Tienes tu sonrisa. Ofrécela y empezarás a ser feliz». En la vida, valorar lo que recibimos nos ayuda a crecer mejor y a ser más felices. Y ello nos alienta a reproducir con los demás esa gratitud. En nuestro interior se produce una huella emocional más fuerte del buen recuerdo de aquel momento grato, la cual permite que el mismo pueda perdurar. Saber que nos quieren y apreciar lo que nos dan hace que nos sintamos mejor con nosotros mismos.

15. Los sentimientos

Todo ser humano a lo largo del día, y durante toda su vida, experimenta variados tipos de sentimientos: alegría, celos, tristeza, rabia, frustración, impotencia, dolor emocional, miedo, agradecimiento, envidia, vergüenza, etc. Muchas veces, y de forma errónea, la gente cree que expresarlos no está bien visto, que es mejor hacer como si no pasara nada, que una cosa que ha molestado o ha dado rabia no tiene importancia, que uno tiene que hacer como si no sintiera nada. Asimismo, se cree que nunca se deben exteriorizar porque eso es cosa de niños y no es propio a ciertas edades. Pero no es verdad. Si uno quiere pasar de puntillas por lo que le pasa, mostrándose indiferente o neutro ante lo que le sucede, obviando darse cuenta de lo que le pasa o tratando de minimizar o restar importancia a lo que siente, se puede volver cada vez más impersonal y menos auténtico (y entretanto, sin pretenderlo, va resultando más superfluo o poco consistente en la mente de los demás).

Quizá sin darse cuenta, con esa falta de viveza y de una verdadera y auténtica esencia personal, irá perdiendo el frescor de lo que uno es; en cierta manera, resultaría como una forma de menosprecio respecto de sí mismo que lo aleja de su naturalidad y provoca que pierda mucha vida propia (aunque resulte extraño, se desvitaliza o se petrifica). Negar o ahogar los propios sentimientos es una forma de no darse suficiente importancia ni valorar la verdad y la esencia propia (es decir, la manifestación de su personalidad). De esta manera, acaso sin ser demasiado consciente, uno no se trata lo suficientemente bien y eso constituye cierto menosprecio o agravio hacia sí mismo. De hecho, muchas veces puede acabar desconcertado y sin entender bien lo que realmente le ha sucedido o cuáles han sido sus verdaderos sentimientos, ya que al negarlos se camuflan y se desvirtúan o confunden, como si de maquillaje se tratara, y pueden permanecer como verdaderos desconocidos para uno mismo.

Por otra parte, suele resultar perjudicial inhibir los sentimientos dañinos, ya que comportan consecuencias contraproducentes. Ahogarlos en silencio de modo clandestino, encerrándolos en nuestro interior a cal y canto, nos hundiría aún más en la miseria. Al no dejarlos salir a la luz, corroen por dentro e incrementan un profundo aislamiento de los demás y, en consecuencia, desamparo personal. Uno puede llegar a sentir que no se puede hacer nada y encaminarse hacia la utilización de vías evasivas inadecuadas, salidas dañinas como, entre otras, el consumo de sustancias (de ahí que siempre se recomiende que se exterioricen los problemas o preocupaciones, ya que hacen daño, quedan enquistados y, por tanto, resultan autodestructivos).

En relación con ello, hay que tratar de impedir que nos invada masivamente lo primero que nos llega de fuera, que nos dejemos envolver por completo por ello o que nos lo creamos (como haría un bebé lactante que deglute porque aún no tiene dientes para poder masticar). Si uno no pone suficiente distancia y da por sentado lo que recibe como cierto o válido, puede incidir en el extravío de su propio criterio, confundirse o perder su realidad. Ante todo, habrá entonces que poner distancia con el agravio sufrido mirándolo no como una verdad absoluta contra mí, sino como algo acotado, concreto y circunstancial. Si no podemos sacar a la luz el agravio, este queda enquistado y se va agregando a otros sentimientos anteriores del mismo calibre, pudiendo revertir el daño contra uno mismo, atacándonos internamente y ocasionando, muchas veces, sentimientos depresivos (que pueden consistir en dirigir hacia nosotros mismos la agresividad que no sabemos vehicular adecuadamente).

Seremos capaces de tomar distancia de lo exterior si antes nos dirigimos hacia nuestro propio interior. El primer paso importante frente a algo que nos atenaza emocionalmente puede ser tratar de conectar con ello; enterarnos y ser conscientes de lo que eso supone para uno mismo. Nuestro objetivo debe ser tratar de reconocer, poner palabras o comprender sensaciones y sentimientos, así como conductas. Sin una comprensión de lo que nos sucede resultará difícil manejar nuestras emociones y tenderemos a incrementar nuestra ansiedad, ira, agresividad, y por lo tanto los conflictos, con el desconcierto que supone para nosotros. Siempre será prioritario poder explicarnos a nosotros mismos, si todavía no nos atrevemos o no nos sentimos lo suficientemente preparados para hablarlo con otros, para intentar aclarar el porqué de ese posible malestar («estoy enfadado porque me he sentido incomprendido con el comentario poco afortunado que él ha hecho sobre mí»).

Para ello, el siguiente paso útil puede consistir en sacarlo fuera de uno mismo, pero de una manera conveniente. A veces, para afrontar el conflicto también podemos «sacar los dientes» de forma simbólica (una actitud propia de otro momento más evolucionado del ser humano en el que ya contamos con los dientes como herramientas a utilizar en nuestro beneficio). Para poder «masticar, triturar, digerir» y asimilar mentalmente todo aquello que nos suscita una emoción negativa y/o una posible reacción impulsiva, «sacar los dientes» es una expresión popular que alude al hecho de ser valiente o saber defenderse, y como todos los refranes, ¡tiene mucho sentido!

Así, si lo consideramos conveniente, para que el otro sepa bien lo que uno siente o lo que ha comportado ese hecho puede ser útil tratar de expresárselo y hacérselo llegar. Si eso no sucede, al otro no «le llega con claridad» lo que su acción ha podido representar para la otra persona y por lo tanto, no podrá modificar su conducta a fin de que no se vuelva a repetir. Por otra parte, también resulta beneficioso comunicarle al otro lo que más nos agrada, nos hace sentir bien. Lograr mayor sintonía y acercamiento en la comunicación entre ambos es el objetivo.

Pero no se trata de verbalizar al otro de manera impulsiva y sin filtro todo lo que se nos pase por la cabeza relacionado con el malestar causado por él, explotar externa y abruptamente —es decir, de forma inadecuada— por todo lo que se ha aguantado a lo largo del tiempo y por sumar la negatividad de los agravios. Esto no haría más que acrecentar el problema y podría resultar aún mucho más contraproducente para nosotros. Entraríamos en un círculo vicioso del que sería más difícil salir airosos y, por lo tanto, costaría aún más solucionar el conflicto. Hemos de poder gestionarlo de manera que no nos ocasione perjuicio ni nos cree repercusiones contraproducentes. Muchas veces, expresar directamente la ira de esta forma genera una mayor disfunción con los demás, complica la situación y puede contribuir a dañar la relación. En definitiva, la mayoría de las veces y sin apenas darnos cuenta la forma en que discutimos o nos enzarzamos por cualquier motivo resulta una pérdida de energía total y una irracionalidad absoluta que nos desgasta. Y si nos ponemos a pensar, no vale la pena que nos pongamos así, ni es tan tremendamente trascendente como para que nos «dejemos la piel» en ello.

Otro paso importante en la comunicación de lo que nos hace sufrir puede ser compartir lo que nos pasa con alguien de confianza que refuerce el sentimiento de estar acompañados. Aparte de sacarlo fuera de uno, la escucha atenta y la comprensión que recibimos puede ayudarnos a pensar mejor, ampliando nuestro panorama. El hecho de poder hablarlo con alguien con toda franqueza ya es una forma de poder poner altavoz, es decir, «la propia voz en alto» para, gracias al que nos escucha y está a nuestro lado (incluso sin que nos aporte opinión alguna), poder «oírnos» y ampliar nuestra comunicación. De esa forma sentiremos que estamos resolviendo el problema.

Otra opción posible consiste en escribir los sentimientos donde uno pueda expresarlo con toda su verdad (es de sobra conocido el papel benéfico que suele ejercer un diario íntimo, especialmente para los preadolescentes). Constituye otra manera de que el malestar salga a la luz y no se quede dentro de nosotros, lo que puede llevar, como defensa, a un «endurecimiento» o una rigidez personal, que envolvería, como un caparazón, nuestra fragilidad interna.

Descubrir lo que nos pasa como si fuera una novela, como algo terapéutico no solo para uno, sino también para otros si, posteriormente, se desea compartir es otra manera de sacarlo fuera.

Ser conscientes y enterarnos de lo que sentimos, o hemos sentido en un momento dado, es más importante de lo que pensamos. Nos ayuda a conocernos mejor y nos estimula para crecer con más sentido de la «propiedad», de lo que es nuestro y de nuestra propia identidad.

Las emociones

Las emociones son señales internas que nos advierten de que algo nos sienta mal, bien o regular (por medio de la alegría, la calma, la confianza, la bondad, la rabia, la tristeza, etc.). Suelen ser guías de nuestro comportamiento y de nuestra íntima satisfacción o insatisfacción en la vida. La palabra «emoción» nos habla de un hecho, una idea, un recuerdo, algo interior intenso o no que percibimos de manera muy profunda. Es algo natural y normal en todo ser humano. De alguna manera, cada emoción nos influencia para actuar de una forma específica y conducirnos hacia una determinada apertura o un posible bache en el camino, porque el cerebro solo aprende si hay emoción, cuyo motor nos da la fuerza necesaria para poder desarrollar nuestras acciones cada día.

Todas las emociones son vitales y necesarias para tirar del carro de nuestra vida. Pero, como comenté con anterioridad, sin una verdadera comprensión de lo que nos sucede es difícil manejarlas y podemos tender, sin darnos cuenta, a incrementar lo negativo que conllevan. Cuando esto sucede, nuestro padecimiento puede ser elevado y captamos los problemas como demasiado enormes y difíciles de resolver. Y cuanto más nos preocupamos por las emociones negativas, más negativos estamos; nos sentimos agitados, de mal humor, no sabemos cómo calmarnos e incluso nos resulta más difícil poder concentrarnos en las cosas que hacemos.

Algunas veces utilizamos la negación frente a aquello que nos frustra o nos falla, como cuando nos decepcionamos por algo que esperábamos solemos decir: «¡No pasa nada!», «¡es igual!», «¡qué más da!», «¡déjalo estar!», «¡no importa!». De esta manera, tratamos de eliminar la emoción, minimizando o anulando aquella falta que nos ha impactado como si, de esta forma, pusiéramos fin a la emoción que nos embarga. Involuntariamente tratamos de eliminarlo de nuestro corazón (dejando correr un tupido velo), como si no existiese, y eso hace que no podamos nombrarla ni verbalizarla siquiera. Y lo que no se dice o no se menciona, no existe, con el consiguiente vacío o mutilación psíquica que ello puede suponer o acarrear para nosotros, sin que seamos muy conscientes.

Algunos estudiosos manifiestan que *el verdadero crimen contra la humanidad es callar,* en alusión al valor esencial e íntimo que supone para cada uno poder verbalizar la verdad. Aquella falla interna con la que nos quedamos sobre algo que no nombramos (ni nos atrevemos a hacerlo) nos puede debilitar para afrontar futuras pérdidas humanas naturales y previsibles. Y eso aumentaría aún más el vacío íntimo, debilitando la fortaleza de nuestros propios recursos, que necesitamos —¡y mucho!— para resolver nuevas situaciones que están por venir.

Por ello y para fortalecer los recursos personales, si deseamos una cotidianidad sana resulta crucial que tratemos de estimular y potenciar el desarrollo de nuestras emociones positivas. Actualmente, somos más conscientes de que estas son de vital importancia para nuestro equilibrio psicológico y de que nosotros mismos podemos contribuir a crear hábitos que nos alienten a sentir más las emociones positivas, reduciendo las negativas para estar mejor.

Resulta muy saludable tratar de reconocer, nombrar o poner palabras y comprender nuestras impresiones, vivencias o sensaciones, así como las conductas positivas experimentadas. El ejercicio de revisar y recordarnos a menudo a nosotros mismos, pero también a los que nos rodean, los momentos gratos vividos durante el día es algo muy beneficioso para nuestra salud mental.

Por otra parte, suelen conseguirse resultados especialmente significativos si verbalizamos y compartimos nuestras emociones positivas desde lo más profundo de nuestro ser. Cuando, desde el corazón, decimos o nos dicen: «¡estoy muy contenta porque has venido a verme!», «¡qué feliz estoy a tu lado!», «cómo te agradezco lo que has hecho por mí», «me llenas de alegría», «¡qué bien que me hayas llamado!», nos toca en lo más profundo. De ahí que al hablar o dirigirnos a alguien sea tan importante que enfaticemos los indicadores relacionados con el funcionamiento más positivo de la persona, en particular a un nivel emocional («¡qué bien te salió aquel trabajo!», «¡cuánto te esforzaste por conseguirlo!», «¡cuánto has mejorado!», «¡qué mérito tienes!»).

Además, rememorar con los demás los recuerdos gratos vividos juntos en general, y de modo especial los acaecidos en la infancia, también contribuye a ello. Por ejemplo, y en lo que a los nietos se refiere: quedarse a dormir por las noches en casa de los abuelos, seguir con ellos rituales nocturnos, como ir a la terraza a cantarle a la luna su canción, leerles un cuento (a pesar de que cada vez este sea distinto, ya que ¡muchas veces piden el mismo!, cosa que hacen todos los niños como forma de recrear y reforzar emociones gratas), repetir con ellos canciones de cuna que aprendimos de pequeños, algunas acompañadas de golpecitos en la espalda (con las repeticiones habituales), etc. Más adelante, a medida que los nietos crezcan, aquellos ritos van dando lugar a otro tipo de intercambios, por ejemplo, contar chistes graciosos (¡a cuál mejor!) o a cotidianas e interesantes conversaciones espontáneas entre muchas otras opciones que, recordadas, incentivan muchas emociones positivas vividas juntos.

La vergüenza

La vergüenza es algo que nos hace sentir muy pequeñitos por dentro, inseguros, con poca decisión y valentía de mostrarnos plenamente cuando estamos ante los demás. La vergüenza va más allá de que nos pongamos o no colorados. No tiene que ver forzosamente con los demás, si bien es cierto que se pueden dar situaciones grotescas, de desprecio o incluso recibir una agria crítica por parte de alguien.

En realidad, somos nosotros quienes «nos criticamos mucho por dentro», somos nosotros quienes no encontramos algo nuestro suficientemente bueno o bonito (que puede ser físico o psíquico), y entonces lo que nos digan puede tener una resonancia enorme que crece por dentro de manera exponencial. Es como si algo nuestro (que vemos, hacemos o decimos) no nos gustara demasiado o no fuera bien aceptado por nosotros mismos. Nuestra propia autocrítica crece exageradamente con lo que nos viene del exterior y es ajeno a nosotros, y existe el peligro de que nos lo tomemos «al pie de la letra». Sirva como ejemplo: «¡Hala, qué vergüenza!, me han dicho que la peca que tengo en la cara parece una castaña» (eso quiere decir que «soy feo»); «¡qué vergüenza!, se han reído de la forma de mis pies» (eso quiere decir que «todo yo» soy deforme); «¡qué vergüenza!, me he equivocado cuando hablaba ante la clase» (eso quiere decir que nunca sabré hacer bien las cosas), «¡qué vergüenza!, se han reído de lo que he dicho» (no puedo hablar porque nunca explico bien las cosas), etc. Y todo esto incide en que se llegue a dudar de nuestra capacidad, de nuestras competencias y de nuestra seguridad.

La vergüenza representa una huella conectada a cuando éramos muy pequeños y frágiles, cuando dependíamos extraordinariamente de los demás (porque no nos podíamos valer por nosotros mismos y los necesitábamos para sobrevivir), ya que otros pensaban y decidían por nosotros. Por aquel entonces, todo lo que nos podían comentar o explicar solía provocar en nosotros una fuerte impresión. Aquello tenía tanta resonancia que a veces incluso nos sobrepasaba emocionalmente. Vivencias de humillación u ofensa, ya fuera porque sucediera en la realidad concreta o porque fuésemos nosotros quienes lo viviéramos de un modo tan intenso, quedan grabadas. «La verdad» no solo es lo que puede ocurrir en la realidad de la vida (un hecho dado), sino lo que nos sucede «por dentro», es decir, cómo vive cada uno lo que pasa internamente, que es «nuestra propia verdad». La realidad que nos envuelve siempre es neutra. Lo que la inclina en una dirección u otra es nuestra propia interpretación de las cosas que suceden.

Y esas posibles e intensas vivencias cuando éramos pequeños podían pesar enormemente, por encima de nuestra capacidad para pensar por nosotros mismos, porque todavía estábamos «tiernos», poco maduros y poco hechos. Teníamos que delegar forzosamente en los adultos cualquier acción o decisión porque todavía no teníamos desarrollado lo suficiente nuestro propio pensamiento y criterio. De ahí que sobrevaloráramos las miradas externas.

En una situación similar es posible revivir estos sentimientos o esa vergüenza cuando nos sentimos poco capaces de manifestarnos tal cual somos y nos falta serenidad íntima. Quizás, entre otras, al expresar nuestra propia opinión, cuando tenemos que pronunciarnos o hablar en voz alta ante el público en una conferencia o cuando alguna referencia por parte de otro nos parece despectiva o inadecuada hacia nosotros (sin que eso quiera decir que el otro haya tenido esa intención ni que todo el mundo tenga que sentir lo mismo en la misma circunstancia). Esto puede hacer que nos sintamos humillados o heridos emocionalmente, como si reírse de alguna palabra o equivocación nuestra en un momento dado (o cuando no se acepta algo que hemos hecho o dicho) quisiera decir que se refieren a «toda mi persona». Todo mi yo acaba criticado, devaluado y menospreciado. Interpretamos que se ríen o se quejan respecto «del todo» que somos; que eso no vale nada, y entonces nos encontramos de nuevo con la vergüenza.

La vergüenza puede surgir cuando le otorgamos un poder total a quien expresa algo sobre nosotros y nos lo creemos. Cuando permitimos que lo «nombrado» sea dogma de fe o palabra de Dios, pasando por encima de nuestra propia opinión y pensamiento, como cuando éramos pequeños y lo escuchábamos como si fuera un dictado único y exclusivo. Esto puede anularnos de tal manera que implique la pérdida de nuestra capacidad de pensamiento propio y de seguir nuestro criterio. Es posible que nos alejemos de nosotros mismos cuando dirigimos nuestra atención a lo que se dice y lo hacemos nuestro (lo asimilamos como si eso fuera verdad). Nos dejamos «sustituir» por quien lo dice sin dar tiempo a repensarlo. La vergüenza quita fuerza a nuestra propia opinión y esto anula nuestra propia capacidad, olvidándonos de la seguridad personal que habitualmente tenemos.

Es esencial tratar de poner distancia entre lo que ese otro pueda decir o comentar acerca de mí y lo que yo mismo creo y siento, aquello que es de mi propia cosecha o reserva interna. Con el paso del tiempo y la influencia familiar, escolar y social construiremos y afianzaremos de manera progresiva nuestra propia personalidad, al pasar por etapas de cierta complejidad y dificultad que nadie puede vivir por nosotros ni sustituir por sus propias experiencias porque tienen que ver con nuestra propia vida. Descubriremos, desarrollaremos y asentaremos quiénes y cómo somos realmente a través de los cambios que vivamos.

Todo cambio nos hace salir muchas veces de nuestra «zona de confort», es decir, de todo lo que conocemos. Lo nuevo suele darnos miedo porque todavía lo desconocemos (hace falta descubrirlo). Por eso es posible que aparezca la vergüenza.

El mismo cuerpo va creciendo y cambiando «sin pedirle permiso a uno»: los brazos se alargan; se crece en altura, en tamaño; hay modificaciones corporales a nivel íntimo que nos hacen muy diferentes de cuando éramos pequeños; ahora el cuerpo se hace grande (física y mentalmente). Uno puede preguntarse sobre el porqué de las cosas, sobre uno mismo, sentirse confundido, dudar, plantearse distintas cuestiones, pasar por la necesaria «tormenta emocional juvenil», temporal e incómoda, y cuestionarse más las cosas. Uno se va haciendo mayor cuando empieza a hacerse más caso a sí mismo, a lo que siente, a lo que piensa, a lo que le pasa y a por qué le pasa, por muy extraño o incomprensivo que le pueda resultar. Y también cuando poco a poco va adquiriendo más confianza en lo que siente y cree por sí mismo, coincida o no con el criterio del otro. Se da permiso para preguntar, para decir, explicar y opinar, tolerando y aceptando que su opinión se asemeje a lo que piensa el otro, el compañero, amigo, etc., o todo lo contrario. Porque sentirlo de verdad como «suyo» es lo que le da paz.

Eso incide en que, después del período de vaivén o de dudas que haya podido experimentar en el proceso hacia sí mismo, pueda llegar de manera progresiva a su propio juicio y cada vez con mayor seguridad. Con el transcurso del tiempo vamos creando nuestra propia visión, que puede o no coincidir necesariamente con lo que nos dicen los otros. ¡Eso también lo acabaremos decidiendo! A medida que nos encontremos mejor con nosotros mismos, también lo estaremos con nuestras propias opiniones. Esto nos permitirá acoger y aceptar, con más tranquilidad, la vergüenza cuando aparezca sin que nos haga perder, de golpe y por completo, la confianza en nosotros mismos. Conseguiremos ser «más amigos» de la vergüenza que pueda surgir porque no nos afectará de una forma «total» como cuando éramos pequeños.

16. La simpatía y la empatía

La palabra «simpatía» se refiere a la combinación de dos o más individualidades en el intento por sintonizar emocionalmente, sin que nadie tenga que sacar conclusiones de lo que el otro o los demás puedan pensar o sentir. En cambio, la empatía expresa la capacidad de poder examinar el mundo interior del otro desde nuestro interior (desde nuestra propia sensibilidad), es decir, de vibrar con él y a su lado intentando captar lo que tiene y entenderlo con las propias herramientas mentales y emocionales de que se dispone. Eso quiere decir que puedo ser capaz de separarme o alejarme de mi sentimiento o de mi propio pensamiento, de hacer mío lo que pertenece al otro a través de la comprensión empática (por ejemplo, al entender «muy de cerca» al otro cuando siente o manifiesta congoja, un sentimiento de dolor, ira o irritación, entre otros).

Por otro lado, la simpatía tiene que ver más con la propia expresión de sentimientos y pensamientos, mientras que la empatía busca la comprensión objetiva del mundo interior del otro. Es una cualidad de la relación humana sin la cual nuestra mente no habría sido capaz de formarse de manera sana o de aprender a establecer relaciones con el mundo en una cierta armonía y seguridad. No obstante, para poder dar sentido a nuestro propio mundo interior, alguien habrá tenido que hacerlo antes por nosotros. Con anterioridad, el bebé, en su estado mental aún insuficientemente estructurado y lleno de ansiedades muy primitivas, ha precisado de dos progenitores que reconocieran sus requerimientos internos y respondieran a sus variadas necesidades ayudándolo y sirviéndolo para tranquilizarlo.

Así, poco a poco, el niño interioriza esta función de los padres y luego aprenderá a hacerlo también consigo mismo. Por lo tanto, no puede existir una evolución de la personalidad lo suficientemente saludable si no se ha experimentado una relación básica de empatía.

Sin embargo, en nuestras interacciones diarias todos tenemos momentos en los que, sin saberlo, somos más o menos empáticos o más o menos simpáticos. Y, salvo excepciones relacionadas con el campo de la psicopatología, todos tenemos capacidad para la expresión de ambas cualidades (simpatía y empatía) en la comunicación diaria con los demás. Aunque debemos tener en cuenta que si lo que realmente queremos es que el otro se sienta cercano a nosotros para fomentar la tranquilidad o la confianza en la interacción, es necesario que nos demos cuenta de la manera en que nos relacionamos, lo cual también incluye la forma en que nos comunicamos. A modo de ejemplo, mencionaré una frase que solemos utilizar en nuestras interacciones diarias con otros. Su significación estaría más relacionada con una búsqueda real de la comprensión del otro desde el deseo de expresar lo que uno siente, pero sin un verdadero y profundo interés por él: «Piensa en positivo; no llores más; lo que tienes que hacer es no volver a pensar en ello; verás cómo se resuelve; a mí me pasó lo mismo, aunque lo mío fue algo aún peor».

Como vemos, este tipo de comunicación se podría traducir o interpretar mentalmente de la siguiente manera: «Lo que me estás diciendo me causa preocupación e inquietud, ya que parece complejo o difícil de entender. Así que, para manejar bien la incomodidad y el esfuerzo de pensar en ello, te diré lo que pienso o siento, muy rápidamente, tratando de llevar la conversación a un terreno donde yo me pueda sentir más cómodo».

Por desgracia, este tipo de frases no suele producir en quien tenemos enfrente la sensación de que sea verdaderamente entendido, sino quizá la de que su propia experiencia emocional pueda quedar algo relativizada o minimizada. Es importante comprender que, por el hecho de que nos comunicamos con bastantes personas durante todo el día, resulta muy difícil mantener una actitud empática con todas ellas. No obstante, podemos reflexionar sobre el tipo de intercambio verbal que predomina en nuestras relaciones, ya que la calidad de este puede implicar diferentes resultados en la relación con el otro (un mayor o peor entendimiento o sintonía). Algunos ejemplos de frases empáticas son: «Estaré aquí si me necesitas», «estoy a tu lado», «esto tiene que ser muy doloroso para ti», «me imagino que estás sufriendo mucho», «cómo estás luchando con todo esto», «tiene que ser muy difícil de afrontar».

Como vemos, la comunicación empática podría traducirse de la siguiente manera: «Lo que tienes en tu interior me interesa mucho, aunque seguramente no lo pueda entender por completo» o «aunque puede ser difícil para una parte de mí acercarse a tu dolor, quiero que sepas que deseo entenderte». La apariencia de una verdadera armonía entre los seres humanos no puede ser tratada de una forma mecánica o como la lectura de un manual o diccionario. Tiene que surgir de dentro, pues es un proceso interno. La madre o el padre bueno que todos tenemos dentro nos permitirán que el hijo pequeño que también llevamos dentro se pueda sentir comprendido y consolado, a menudo incluso sin utilizar palabras.

17. La violencia[1]

Tras el acto disocial de un chico subyace una personalidad, unos padres, unas circunstancias, una situación personal momentánea, una escuela y una reacción del entorno que desempeñan generalmente un papel de primer orden en la solución tanto preventiva como de respuesta al conflicto. Porque es en la infancia y en la adolescencia donde se arraigan actitudes transgresoras en los chicos, que luego pueden llegar a ser muy difíciles de erradicar. Por eso creo que la justicia no debe ser el último escalón de la sociedad, al que solo se llega cuando ya no se puede hacer nada más para detener o resolver los problemas por parte de los diferentes ámbitos de la comunidad de la que forman parte. Así, deberíamos reflexionar seriamente sobre qué modelo de sociedad queremos para nuestros hijos y nietos y actuar en consecuencia, procurando educarlos en valores democráticos.

El niño debe escuchar que se verbalicen, por parte de los adultos, los valores prosociales, conocer lo que esperan de él, tanto si le delegan un rol como si le indican una tarea colectiva como hacen los demás de la casa (estimular el dar y recibir). Esto implica una interiorización de estos comportamientos y le sirve de preparación para tolerar frustraciones futuras. Porque la sola condena o la crítica ante un hecho, así como una respuesta

1 Algunas de las ideas aquí expuestas por la autora también han sido mencionadas en un capítulo de *Fent camí cap a una justicia col.laborativa*, Barcelona, Institut d'Estudis Catalans y Consciència i Justicia, 2022.

punitiva, forzosamente y por sí solas, no sirven de ayuda, ni siquiera desde el ámbito judicial. El castigo, desgraciadamente, lleva a menudo a la rabia y al deseo de retaliación y venganza. Por eso creo que, en primer lugar, hay que saber bien qué hay detrás de una transgresión concreta (es decir, poder hacer un buen diagnóstico), teniendo presente que cada caso es único y diferente, aunque el delito pueda ser el mismo. Necesitamos una lupa de aumento para analizar un hecho transgresor o un delito cometido por un chico. Para ello resultan esenciales los equipos psicosociales de asesoramiento, que cuentan con expertos en psicología y psiquiatría, para que permitan una escucha distinta y un nuevo posicionamiento ante el hecho que se analiza, de modo que sea posible detectar si la violencia es un reclamo o una llamada de atención, una búsqueda de amor o la autoafirmación de la propia identidad, o bien si pretende anular o eliminar al otro, cosa que es mucho más peligrosa. Hay que diferenciar entre lo que es dañino y lo que no lo es. Si está en la línea de lo perverso o destructivo (cuando encuentran placer en hacer daño) o es duro y cronificado, lo que implicaría tomar aquellas medidas, no descartables, en las que por el alto potencial violento del chico debe prevalecer la necesaria protección a la sociedad e intervenciones punitivas.

Si está en la línea de lo más sano o no destructivo, que tiene que ver con la autodefensa juvenil o con la necesidad de autoafirmarse, conllevaría intervenciones firmes de ayuda a su responsabilidad personal. No obstante, una podría llevar a la otra si no se detiene debidamente, pues sería un posible camino transgresor. En definitiva, es importante vincular estrechamente la sentencia judicial a la situación psicosocial del joven, así como personalizar la causa judicial dentro de su globalidad personal (sin perder de vista que, para todo adolescente, solo a través del conflicto es posible llegar a la madurez). La sociedad en general, y la justicia en particular, debe colocarse de otra manera si quiere conseguir resultados diferentes; en este sentido, ha de prestar atención a la parte menos dura o delincuencial, tratando de ver siempre en todo adolescente el vaso medio lleno. Los aspectos psicológicos y sociales del chico o de la chica pueden mediar en la decisión judicial, y también la decisión judicial en él o ella (de ahí la necesidad de que exista colaboración entre los distintos profesionales que intervienen cuando se produce una transgresión juvenil).

La mayoría de veces resulta muy alentador todo lo que tenga que ver con la mediación en los conflictos, los trabajos al servicio de la comunidad o las indicaciones de psicoterapia focal voluntaria con expertos, sean estas a nivel individual o grupal y con la implicación de los progenitores, técnicas alternativas de resolución de conflictos, introducción de nuevas herramientas de formación como el *coaching*, la programación neurolingüística, etc. Por otra parte, considero que fomentar que se pueda reparar el daño ocasionado permitirá transmitirles que hay una justicia no vengativa y persecutoria, sino reparadora, que los ayudará a poder enfocar sus impulsos hacia otros caminos socializantes y no violentos, como por ejemplo comprometerse a obtener el graduado, a visitar enfermos, a arreglar desperfectos, a pintar paredes, a pagar con su semanada, a hacer voluntariado, prácticas en empresas, redactar el hecho cometido y también su posible reparación, a escribir una carta de perdón a la víctima, etc. Es decir, hay que transmitirles la noción de que si bien uno puede cerrar una puerta en un momento dado, también la puede volver a abrir después, o al menos otra distinta; aprovechar la idea china de que a pesar de que toda crisis lleva implícito un sentimiento de peligro, también representa un momento de oportunidad. La confianza en la propia capacidad de reparación personal y social en un chico no dependerá exclusivamente de lo que antes haya sucedido, sino de las creencias que las figuras significativas de su alrededor le transmitan sobre la posibilidad factible de la reparación. Muchos profesionales de la justicia pueden enseñar a los jóvenes receptivos a dirigir su vida hacia otro camino, porque estos profesionales nunca resultan ser unas figuras neutras. Sus palabras, la empatía o su actitud hacia ellos tienen siempre un inevitable poder y una influencia potencialmente benefactora no solo por su rol, sino por el papel que desempeñan en este mundo y que le muestran al adolescente.

Otro factor que considero esencial es la fuerte influencia que tienen los medios de comunicación: pueden potenciar la concienciación e integración social, la relevancia del grupo como colectivo que forma parte activa de la sociedad, fomentar los valores positivos en los jóvenes y no destacar, al contrario que la mayoría de las veces, lo más negativo y perverso, cuando «ya no hay nada que hacer». Así sucedió en un programa de televisión donde se reprodujo la impactante imagen del joven Miguel Carcaño, tan sonriente, orgulloso y desafiante, cuando lo introducían en «la máquina de la verdad» para intentar saber si era el autor del crimen de Marta del Castillo.

18. El aburrimiento

El aburrimiento es una experiencia universal. Casi todo el mundo lo experimenta a lo largo de su vida. Tiende a aparecer ante situaciones que se perciben como monótonas, repetitivas y menos estimulantes, que se asocian generalmente a un estado emocional negativo, peligroso o peyorativo. Que sea negativo o positivo solo depende del significado que cada uno le otorgue.

Muchas veces vemos que cuando un niño dice «me aburro» los mayores nos inquietamos rápidamente tratando de que se distraiga, de que haga algo, de que huya de ese estado, como si el aburrimiento fuera algo infecto. Sin darnos cuenta, les indicamos que es un peligro estar sin hacer nada o sin saber qué hacer. Como si en la vida no tuviéramos que parar de hacer cosas ni un momento, sino todo lo contrario, es decir, como si hubiera que estar en continuo movimiento.

A veces el aburrimiento se asocia a la tristeza, pero sentirla no siempre es sinónimo de estar deprimido. Sentirse triste es humano; se trata de un sentimiento que generalmente se origina debido a algún motivo concreto. Muchas veces podemos asociar la tristeza a una causa determinada, pero otras no es tan fácil y no sabemos por qué nos invade. Por eso siempre es bueno que podamos pensar en la razón de que en un momento dado nos sintamos tan infelices y tratemos de conectarlo con algo que lo haya podido suscitar. Si focalizo mi sentimiento en un motivo determinado, ya tengo mucho ganado, pues eso indica que en mi interior hay comunicación. Si al menos lo tengo acotado, de ahí podré hacer un recorrido que me ayude a ampliar la comprensión de lo sucedido para impedir que me llegue a afectar globalmente. Si lo ubico bien, lograré que no me afecte de un modo extremo, en toda su dimensión, porque será solo algo parcial y no total.

«El problema no soy yo», sino el detalle o factor que ha provocado que me sienta así y frente al cual deberé desarrollar mi respuesta sin sentirme tan fatalmente impotente. Con estos sentimientos sucede como con muchos otros que, si se van acumulando sin desmenuzar y procesar del modo adecuado, no llegaremos a saber por qué aparecen. La suma de los motivos o causas crece, se hace inmensa y entonces quizá sí conduzcan a una depresión (y cuando esta depresión, denominada «endógena», se vuelve crónica, la autoestima y el sentimiento de valía personal se pueden ver muy afectados).

Algo similar, aunque con matices distintos a los del aburrimiento, ocurre con la pereza, por la que nos cuesta ponernos en marcha ante un esfuerzo a realizar, una actividad o algún tipo de trabajo que nos resulte costoso llevar a cabo. Sin embargo, también podemos mostrar la misma actitud al respecto.

Un caso distinto, pero de alguna manera también vinculado al aburrimiento, es el de la soledad. Se trata de un sentimiento íntimo o un estado mental que asociamos con la vivencia de la falta de contacto humano. A veces tenemos la sensación de estar completamente solos y separados de los demás, lo que puede desencadenar el sentimiento de que uno no importa, a pesar de que la realidad concreta contradiga esta sensación e incluso ocurrir mientras estamos rodeados de gente. Este sentimiento produce dolor cuando va acompañado de una sensación de vacío existencial o emocional interior o cuando pensamos: «algo falta en mi vida, pero no sé lo que es». De modo radical se piensa que la existencia no tiene ningún sentido, a pesar de que nuestro alrededor demuestre lo contrario. Es como si una serie de emociones negativas como desilusión, insatisfacción o fastidio consiguieran poco a poco apoderarse de la persona. Se tiende a evitar la responsabilidad emocional, se pone distancia con los demás y crece la inseguridad; un círculo vicioso del que a uno le puede resultar muy difícil escapar (hay estudios científicos que vinculan este estado a causas asociadas a la depresión).

Por eso es recomendable que cuando se empiecen a notar signos incipientes de algo así, o bien nos sintamos demasiado cansados, sin fuerzas, agotados o faltos de energía, nos carguemos con más obligaciones, deberes o actividades que puedan agobiarnos aún más. Vale la pena parar un momento y decirse: «Así no puedo seguir. ¡Basta!», y empezar a soltar lastre relacionado con el excesivo peso psíquico que se lleva encima. Ese estado de ánimo suele ser un aviso o una señal de que el cuerpo y la mente necesitan descansar y cambiar de ritmo. Quizá haya que optar por dejar tareas o por tomarse un tiempo para descansar y recargar pilas, realizar un paréntesis en las actividades cotidianas o dejar para más adelante lo que ahora no se está en condiciones de asumir; pero quizá también sea cuestión de pedir ayuda terapéutica. Es importante darse tiempo para recuperarse emocional y físicamente, cada cual a su manera; no hay una única receta que sirva para todos. Cada uno ha de encontrar la suya.

Al principio, podríamos hacer reaccionar a nuestro «yo pequeñito» de niño, un ser pasivo y del todo dependiente de los demás, a los cuales se atribuía la solución activa de los problemas mientras esperábamos que nos arreglasen desde fuera, es decir, sentir que necesitamos a los otros para todo (como un bebé que solo puede llorar para que le hagan caso cuando tiene hambre, sed o cualquier requerimiento que aún no puede resolver por sí solo). La diferencia es que el bebé no cuenta con otros medios posibles para pedir que lo ayuden, mientras que nosotros, como el niño, podemos esperar que sea el exterior el que nos solucione la papeleta, nos distraiga o nos haga salir del llamado «aburrimiento» o de no saber cómo iniciar o mantener un esfuerzo, pero, como adultos, podemos maniobrar con nuestro «yo crecido», que es capaz de poder pensar, imaginar, demorar el impulso, asociar, relacionar hechos entre sí, comunicarse, etc. Eso posibilita que nos demos un tiempo para que, aun permaneciendo en el «aburrimiento», veamos hacia dónde se decanta este o a dónde nos lleva. Asimismo, permite que observemos cómo nos apañamos con «la pereza» visualizándonos, satisfechos, en plena marcha o trabajo posterior.

Frente al posible pavor ante la incertidumbre, ante no saber qué hacer, muchas veces la acción pasa a ser la salida más rápida e importante para todos. Pero los humanos somos más que la mera acción. Somos pensamiento, emoción, duda, inseguridad, espera… Todo lo cual tiene derecho a existir y a expresarse en nosotros. Querer combatir una emoción es perder la batalla. Si luchamos por no estar ansiosos, acabaremos aún más ansiosos. ¡Permitámonoslo! Es mejor acoger la emoción porque nos dejará profundizar para poder transformarla. Aceptarla y comunicarla sin miedo nos hace más libres y esta se transforma. Hay un dicho que dice: «Luchar es hacer persistir. Aceptar es transformar».

El aburrimiento es una señal interna que nos indica que estamos detenidos ante nosotros mismos, cosa que puede resultar fundamental para desconectar (sin el aburrimiento no podríamos lograr muchas metas y expresiones creativas). La pregunta que nos formulamos, «¿y ahora qué?», nos lleva a ese estado personal de desconocimiento momentáneo, pues no hemos de entenderlo como un estado definitivo (del tipo: «me sentiré vacío para siempre»; «toda la vida me quedaré así»; «no surgirá nada nuevo en mí»), sino como algo provisional y temporal; como algo desconocido que nos llevará a lo que está por descubrir. ¿Quizás el aburrimiento podría posibilitar que tuviéramos más tiempo para nosotros, ofrecernos una oportunidad para redescubrirnos y un espacio para cambiar?

Muchos especialistas recomiendan que tan solo contemplemos y escuchemos el silencio, que continuemos y nos concentremos en nuestro cuerpo, en nuestra respiración, en el aquí y ahora, es decir, en el presente. Entonces puede ocurrir que fluyan pensamiento y reflexión, la creatividad o una sencilla recarga de energía. Debemos aprender a valorar y a centrarnos en aquello que hace que nos sintamos a gusto, que nos hace disfrutar, sentirnos vivos y lanzarnos a por ello. Experimentemos e investiguemos todo lo que somos capaces de hacer, valorando lo que tenemos y sin dejarnos dominar por nuestro vaso vacío o por lo que no tenemos. Cada uno de nosotros es único e irrepetible. Nuestra vida tiene un sentido, aunque haya momentos en los que no lo veamos. Y no estamos solos (hemos de recordar y refrescar con frecuencia, en especial cuando nos sintamos solos, los buenos recuerdos y la imagen de quien nos quiere, porque esto nos acompañará por dentro). Si podemos transmitir a nuestros nietos que se puede estar bien sin tener que hacer nada específico, sino únicamente estando a solas con nosotros mismos o en silencio, ellos aceptarán de manera más natural estas situaciones que también forman parte de la vida. E incluso quizá nos lleguen a decir: «Voy a pensar un poco»; «voy a soñar»; «elijo no hacer nada ahora»; «voy a descansar», permaneciendo así contentos y tranquilos.

19. El tiempo

Hoy en día vivimos en una sociedad a la que muchos científicos, como Zygmunt Bauman, denominan «sociedad líquida» por la rapidez de las cosas que nos suceden y llevamos a cabo. Se denomina «líquido» el actual momento de la historia, en el que las realidades sólidas de nuestros abuelos, como el trabajo o la consistencia y profundidad de los valores (como, por ejemplo, el matrimonio para toda la vida) se han difuminado. Y, en cierta medida, con ello se ha dado paso a un mundo más precario, provisional, ansioso de novedades e hiperconectado y, con frecuencia, agotador. Se tiende a dar prioridad a la imagen, al cuerpo, a la superficie de las cosas, a lo material o económico, lo que muchas veces acarrea una falta de límites, de respeto por el otro, de orden y de valores cívicos, entre otros. Y los medios de comunicación difunden esto mediante una constante publicidad que resulta muy invasiva. Los *influencers* de turno a su vez se encargan de ponerlo en valor a través del énfasis sobre lo concreto, de la preocupación constante por el aspecto físico y el seguimiento continuo de las modas.

Apreciamos hoy en día una constante necesidad por cambiar la apariencia con retoques e intervenciones quirúrgicas que, a veces, incluso distorsionan sobremanera la propia imagen (¡hasta el punto de llegar a desconocerse!). El extraordinario valor que se da a las opiniones ajenas hace perder de vista la mirada interna de cada uno con respecto a sí mismo (cuantos más *likes* se obtienen en las redes, más importante es uno). Y eso perjudica la noción de identidad sólida en una persona.

En otro orden de cosas, sabemos que los mensajes y la información que recibimos precisan tiempo, ciertos pasos y todo un proceso para asimilarlos bien. Sin embargo, la hiperestimulación ambiental de la era digital (por la vía de programas, webs y aplicaciones como WhatsApp, Facebook, Twitter, etc.) no permite digerir de manera adecuada o metabolizar la información y, por lo tanto, hace que nos creamos las cosas en un instante, sin poder digerirlas en su justa medida o pensarlas bien para que se asienten lo suficiente mentalmente. En determinados aspectos, la sociedad de hoy en día parece perder su papel socializador cuando estimula la irritación y descarga de impulsos en los jóvenes. La inmediatez de la tecnología, del «¡va, va! ¡rápido, rápido!», de querer hacer muchas cosas a la vez, nos lo impide (a veces para llenar el vacío que todos tenemos como seres humanos y que no podemos abrazar en su plenitud estando en soledad y sin ruido externo).

La actual cultura social es muy narcisista y se caracteriza, entre otras cosas, por: una minimización, huida y evasión de los conflictos; una filosofía del «usar y tirar», de lo inmediato («lo quiero, lo tengo»); una intolerancia a la espera; una prevalencia de actitudes omnipotentes; una frecuente ausencia de límites y fronteras a nuestra propia intimidad. Hemos pasado del «querer es poder» (todo se puede hacer, todo se puede conseguir, todo es posible) al «he de hacer lo que deseo porque a mí me gusta», «tengo derecho a hacer lo que me dé la gana e ir hasta donde mis impulsos o deseos me lleven», «no quiero hacerlo porque no me gusta, porque no me apetece». Todo está expuesto y se expande al exterior, está al alcance de cualquiera, la gente se entera rápido de todo por las redes… y con ello, nuestra propia identidad no está lo suficientemente bien protegida y preservada.

El hecho de darnos tiempo para poder pensar antes de decidir una cosa, de tolerar las dudas que tenemos, es decir, de dar lugar a la reflexión, la paciencia, la espera y, en general, a los importantes valores de siempre, es algo que no se tiene en cuenta, que apenas tiene cabida en nuestra vida. Cuando no tenemos nada entre manos o todavía no sabemos qué hacer, cuando dudamos, cuando no

podemos quedarnos a solas con nosotros mismos (incluso sin tener
la obligación de hacer algo en concreto), tendemos a huir hacia
delante, a evadirnos tratando de llenar nuestra agenda de actividades frenéticas, de estar en constante movimiento y acción. En
nuestro interior, esto no nos deja vivir bien.

Todos tenemos «luces», recursos personales o cualidades, así
como «sombras», fallos y déficits, y depende de nosotros que
podamos aprender a no tenerles miedo. Hay que parar, ir despa-
cio, lo cual ilustra muy bien la importancia de hacer las cosas
disponiendo del tiempo necesario, hasta llegar al objetivo cumplido.

Hace años, cuando seguía el método Rolfing con un especialista de columna para recuperarme de unos problemas que tenía en la espalda, recuerdo que, entre otras cosas, él me decía
que para andar bien uno tenía que interiorizar la marcha de
manera adecuada. Que lo prioritario era caminar lentamente y
bien porque así se sustenta toda la columna vertebral, se ende-
reza y equilibra el cuerpo. A su vez, enfatizaba en la importancia
del vaivén acompasado del caminar, en el cual, antes de que uno
levante un pie tiene que asegurarse de que el otro pie esté bien
sustentado en el suelo, evitando así posibles desequilibrios o
caídas. Podríamos aplicar aquí cierta similitud simbólica con
todo lo digital, con lo que estamos constantemente conectados.
El pie al aire cuando el otro pie pisa firme en el suelo podría
representar el dejar de mirar el móvil durante cierto tiempo de
manera regular (para leer los múltiples mensajes que tanto nos dis-
persan), con el fin de centrarnos mejor en lo que tenemos entre
manos. Cosa que no quita que luego, en otro momento, volva-
mos a prestarle atención.

No nos quedemos con «los dos pies al aire» cuando necesitamos sentirnos bien aposentados y sujetos en el presente, en
especial cuando nos encontramos en un momento difícil.
Cuando nos sintamos perdidos y con ansiedad, preocupación o
malestar, démonos el tiempo necesario para reencontrarnos y
recuperar el equilibrio. Entonces, más que nunca, ¡calma! ¡Res-

pira hondo un rato y date tiempo! ¡No nos dejemos llevar por el malestar del momento! ¡Toléralo! Esto no durará eternamente; solo es algo temporal. Como cuando después de una tormenta siempre (¡siempre!) llega la calma; como cuando después del invierno llega la primavera. Paso a paso. La psicología, la meditación, el yoga y la respiración profunda (aprender a respirar bien con el diafragma, a veces con los ojos cerrados para poder concentrarnos mejor en nosotros) también nos sirven. De este modo, lograremos encontrar un camino de vuelta hacia uno mismo. Si lo practicamos progresivamente, con paciencia, conseguiremos regresar a la tranquilidad interna y nos sentiremos mejor. Si llenamos de manera paulatina nuestro interior con los valores esenciales de la vida (respeto, esfuerzo, agradecimiento, valoración, cariño, estima, ayuda a los demás, escucha, comunicación, libertad de pensamiento y de opinión, trabajo, confianza, etc.), podremos refrescar la energía y el bienestar que ya estaban ahí. No hace falta hacer algo en particular, solo descubrir y alimentar lo que ya somos.

20. La dependencia

Los vínculos resultan esenciales tanto a nivel personal como social y no se pueden separar de la relación con los demás porque todos estamos en contacto continuamente. No podríamos desarrollarnos si no fuera por los vínculos, pues a través de ellos se construyen relaciones «internas», se interactúa y se forma parte activa de cada una de las relaciones. Es decir, los lazos de dependencia que establecemos a lo largo de la vida resultan inevitables e imprescindibles. Formamos parte activa de cada uno de ellos, en la familia, con la pareja, los amigos, los colegas, conocidos, etc.

Por ello, destacaría aquí el valor esencial de «la dependencia emocional» en nuestras vidas, pero una dependencia sana. Esta es la que podemos establecer de pequeños con los adultos que creen en nosotros, nos escuchan, nos tienen en cuenta y nos permiten guiarnos por nuestro criterio. Es la que necesitamos para crecer y evolucionar, especialmente al principio de la vida, cuando, aún indefensos, no podemos valernos por nosotros mismos. Nos hace confiar constantemente en las personas importantes de nuestra vida para lograr satisfacer nuestras necesidades primarias.

Esta dependencia se considera sana si, de manera progresiva, con flexibilidad y como parte de un proceso a lo largo del tiempo, nos permite desprendernos de los vínculos tan cercanos y casi simbióticos que hemos establecido para crecer; aunque para ello debamos cometer errores (porque en la vida necesitamos contrastar nuestro punto de vista para poder decidir por nosotros mismos). Esta dependencia se transformará e iremos aprendiendo que de quien hay que depender cada vez más y mejor es de nosotros mismos, tratar de escucharnos, hacer caso de nuestras propias percepciones, de nuestras necesidades y actuar en consecuencia, sin por ello dejar totalmente nuestra dependencia sana respecto de los otros.

Los vínculos afectivos son necesarios y es bueno que se mantengan, siempre y cuando nos ayuden a evolucionar personalmente. Sin embargo, como nos consta, la relación ideal no existe. Todas las personas llevamos una carga histórica de todo lo satisfactorio que se nos ha transmitido, pero también de lo que no ha resultado tan satisfactorio para nosotros. El ser humano es frágil y, por lo tanto, sin darnos cuenta podemos de adultos proyectar sobre los niños, a menudo inconscientemente, aquellas deficiencias afectivas y la sensación de indefensión interna que hemos podido sentir (aunque nos hayan querido mucho de pequeños), como una manera de compensar nuestras propias carencias; así, las depositamos de manera involuntaria en ellos. Muchas veces esto se realiza a través de actitudes sobreprotectoras: observarlos constantemente, cuidarlos, mimarlos o al estar excesivamente pendientes de ellos. Sin querer, en lugar de ayudarlos a reconocerse, a que sean ellos mismos, a pensar y actuar por sí solos (con sus propios pensamientos, emociones y actos), podemos contribuir a que desarrollen una mayor dependencia, inhibición e inseguridad, dando lugar a una posible dependencia insana. Se puede tener la sensación de que aún no conviene dejar a los niños solos, de que no es bueno que jueguen solos, etc., o de que aún no piensan, hablan ni actúan suficientemente por sí mismos (a veces creemos que si no les recordamos que hace frío no se pondrán la chaqueta; que si no les decimos que se pongan a hacer los deberes, no se acordarán, etc.). Y eso resta espontaneidad y libertad a la hora de que duden, rectifiquen, se den el tiempo que necesiten para decidir por sí mismos o reflexionen hasta tener confianza en su propio criterio. Parece que se les tiene que seguir diciendo en todo momento lo que tienen que hacer, qué ropa han de llevar, qué deben sentir, preguntar, pensar, etc.

Para poder crecer bien precisamos el establecimiento y refuerzo de vínculos de dependencia sana, al mismo tiempo que poder detectar, con aceptación e indulgencia, los aspectos relacionados con una dependencia poco saludable que, inevitablemente y a su vez, aparecen en la vida. Todos conocemos casos de maltratos, abusos, drogadicción y relaciones tóxicas. Como muestra el dicho «ni contigo ni sin ti puedo yo seguir viviendo, contigo porque me matas y sin ti porque me muero», la dependencia excesiva de lo que se proyecta en la pareja impide que haya claridad o respeto por el espacio propio. Por eso es imprescindible que permanezcamos atentos para detectar la dependencia insana cuando esta surja en la relación con uno mismo si nos sentimos constreñidos en nuestra libertad. Por ejemplo, cuando buscamos opiniones que nos valoran desde fuera (cuantos más elogios, más importantes nos creemos) y estamos pendientes del reconocimiento externo, o cuando nos hallamos sujetos a una dependencia excesiva del cuidado de nuestra imagen y de la apariencia corporal, sin tolerar fallas o limitaciones y, por lo tanto, esperando que la cirugía arregle o compense lo que no nos gusta o lo que nos molesta de nuestro cuerpo.

Asimismo, resulta crucial percatarse de si, en vez de vivir la realidad centrados en el aquí y ahora con los cinco sentidos, nos dejamos llevar por una excesiva dependencia mental del exterior. Cuando tenemos demasiadas rumiaciones, dirigimos nuestra energía hacia lugares ajenos y eso nos impide centrarnos en aquello que realizamos, que nos interesa o que nos hace disfrutar. Así ocurre cuando nos deslizamos hacia el futuro en pro de «aquello que he de hacer», de lo que podría suceder o de la preocupación que nos abruma por lo que podría pasar, y nos adelantamos a los acontecimientos por temor al «más allá». La consecuencia directa es que pasamos a vivir en un estado de alarma permanente que nos hace anticipar el futuro en negativo, pues imaginamos o prevemos lo terrible que creemos que sucederá con toda seguridad —y ni sabemos ni podemos saber—. Lo que está claro es que no podemos controlar lo que está por llegar, lo probable (pasa muy a menudo) que ni siquiera se ajuste a como lo hemos imaginado. Pasa lo mismo cuando nos deslizamos al pasado, persuadidos por el remordimiento ante lo que hicimos mal, y dependemos demasiado del anclaje a un tiempo pretérito que no nos permite avanzar hacia delante ni ver la vida en toda su plenitud.

Del mismo modo, podemos establecer una dependencia insana cuando acotamos en exceso la interpretación de un hecho guiándonos por lo inmediato, por el impulso, sin darnos tiempo suficiente para indagar y profundizar en ello con una mayor perspectiva. Parece que la rapidez con la que creemos que hemos de hacer las cosas es lo que vale, porque la lentitud, por lo general, está denostada y mal vista. Es muy habitual organizar la vida en función de una agenda comprimida, ya que nos gusta ver lo saturado que tenemos el día, lo que se llama «síndrome de la vida ocupada». Quizá esto se deba al temor a sufrir vértigo ante la posibilidad de que no haya nada que hacer, lo que nos obliga a llenar nuestro vacío humano, que no toleramos, y nos hace ser impacientes y tender a ocuparnos constantemente para sentir que, solo así, nuestras vidas son útiles. Por un lado, no entendemos que «producir» no es la única manera válida de emplear el tiempo y, por otro, tampoco entendemos que «no hacer nada» —lo cual provoca que nos sintamos culpables— no es perder el tiempo.

Con esta dependencia insana no solo vamos visualizándonos cada vez con mayor negatividad, sino que anulamos nuestra propia posibilidad de vivir el momento con toda su intensidad. Además, la crítica y el rechazo nos quitan humanidad. Hace falta que desarrollemos una dependencia sana para con nosotros mismos con nuestros fallos, carencias, defectos, etc., como sentimiento necesario de reparación personal. La dependencia sana, aparte de estimular el cuidado y el cariño por nosotros mismos, la curiosidad por la vida, la creatividad y el disfrute de las experiencias, también nos permite poder aprender de las limitaciones personales si contamos con ellas.

Asimismo, lo imperfecto, los errores y las equivocaciones son constitutivos de la naturaleza humana y, por ello, es bueno que podamos reconocer este tipo de dependencia y aceptarla, lo que con seguridad redundará en nuestra actitud cuando apreciemos las debilidades y limitaciones de los demás.

21. La exigencia

«Equivocarse es de sabios». ¿Qué quiere decir este dicho? Parece hacer referencia a que la perfección no existe, aunque los humanos siempre la estemos buscando y, de alguna manera, pretendamos llegar a encontrarla. Sin embargo, nunca acabamos de aprender de nuestros errores que, realmente, son esenciales para el aprendizaje (pues sin ellos no podríamos practicar, rectificar y avanzar). Todos nos equivocamos alguna vez y, en este sentido, es bueno que actuemos con sabiduría y aprendamos de los fallos como algo natural y esperable en la vida.

Un sabio, antes de llegar a una conclusión, da vueltas a las cosas, duda y hace unas pruebas que denominamos de «ensayo-error» (ensayar, verificar, repetir...). Va recorriendo su camino repensando una y otra vez antes de emitir un diagnóstico o un veredicto. ¡No se trata de crear algo y ¡pim, pam!, ¡rápido y listo! Todas las cosas necesitan seguir un proceso, y eso quiere decir estimar un tiempo de maduración que va del principio, cuando todavía hay poco, a una configuración paulatina a lo largo del tiempo. Habrá que observar este desarrollo hasta llegar a un final. A veces los niños necesitan preguntarle a otro, a quien se le presupone cierto saber: «¿Qué hago?», «¿te parece bonito este jersey?» o «¿qué tengo que ponerme?», pues con la imitación o con la copia es como aprenden en primer lugar. Sin embargo, es saludable que eso los conduzca al proceso que pasa por: «¿Qué te parece?, ¿cómo lo ves?», «no pasa nada si aún no lo puedes decir, ¡tómate tu tiempo!», «¡como tú veas!». Aunque si insisten, podemos darles nuestra opinión, que ellos valorarán: «¡A mí sí me gusta el jersey!», «¡me parece bien lo que planteas!» o «¡a mí no me acaba de gustar! Si dudas, piénsatelo un poco más».

Si bien un estilo más directivo puede resultar más indicado para todo niño pequeño porque necesita orientación y criterio ajeno para crecer, en otros momentos más adelante son más apropiadas las actitudes colaborativas e interactivas entre padres e hijos, en lugar de la esperada y natural «obediencia» infantil (darse tiempo para hablar y seguir aclarando las cosas). Lo crucial reside en la calidad de la relación. Los adultos podemos «jugar» de forma flexible «entre mi pensamiento y el tuyo», hasta que los niños comienzan a decidir por sí mismos.

Hay personas que tienen la convicción de que todo se puede mejorar. Y, hasta cierto punto, es verdad. Si nos proponen o nos piden algo, es bueno que podamos darle más vueltas o, como vulgarmente se dice, darle otro hervor (como a una sopa o a un cocido si se quiere conseguir que esté más sabroso) siempre que no lo tengamos lo suficientemente claro. Es legítimo y nos ayuda a pensar con más convencimiento, sobre todo cuando no estamos seguros. Es necesario que podamos madurar una idea, pensamiento u obra hasta llegar a sentirnos bien con lo conseguido. Pero debemos ser pacientes con nuestras equivocaciones y no considerarlas un error imperdonable o un fallo terrible, como si se acabara el mundo. Pensaríamos eso si en ese momento estamos extremadamente sensibles y tenemos un elevado sentido de autocrítica hacia nosotros mismos. O si a alguien no le gusta algo que hemos hecho, como si fuera obligatorio que nuestro propio gusto tuviera que coincidir con el suyo. Las críticas no nos gustan porque hacen que nos sintamos como si no fuésemos suficientemente buenos, adecuados, válidos, y a la vez extremadamente dependientes o atrapados en lo que dicen los demás. Esto nos hace sufrir mucho, ya que podemos vivirlo como una humillación y eso destruye nuestra autoestima. Por ello, la relación de los padres con los hijos ha de desarrollarse de una forma especialmente flexible, de modo que se ajuste a las necesidades cambiantes de los más jóvenes, aunque sin impedir que, en un momento dado, se requiera actuar con mayor firmeza (evitando siempre reproches o reacciones punitivas que, por regla general, resultan muy contraproducentes para todos).

Sin embargo, hay personas muy sufridoras o perfeccionistas que nunca se sienten del todo satisfechas con lo que hacen, como cuando repiten una y otra vez una tarea sin que nunca lleguen a quedarse contentos con el resultado, pues, en su opinión, siempre se podría haber hecho mejor. La búsqueda de un ideal de perfección bloquea nuestra capacidad de disfrutar de la imperfección que constituye todo lo humano y, por tanto, con lo que es natural y real. La sensación de tener que llenar constantemente, voraces y hambrientos, nuestro «estómago vacío», siempre insaciable, impide que alcancemos la plena satisfacción con aquello que hacemos y con cómo lo hacemos. ¡Claro que las cosas pueden salir mejor, pero también todo lo contrario! Todo es susceptible de poder ser mejorado, al igual que de empeorarlo. Como hemos visto, es uno mismo quien ha de parar en un momento dado para decirse: «¡Hasta aquí he llegado!» (debo poner punto final a lo que estoy haciendo). Es una manera de intentar, aunque suene muy serio, «hacer un duelo», es decir, de despedirse de lo que uno está creando o haciendo. Muchas veces nos cuesta dejar algo tal cual y decirle «adiós» porque buscamos atrapar ese ideal de perfección que no existe, del mismo modo que nos cuesta comenzar todo proceso creativo, como el escribir, por ejemplo.

Por otra parte, en la vida no todo proceso creativo y productivo resulta siempre plenamente satisfactorio o agradable. Incluso hay veces que llevarlo a cabo implica cierto sufrimiento. Naturalmente, se trata de un trabajo que conlleva esfuerzo, cuidado, paciencia ante lo que no sale como uno querría o cuando el resultado no nos agrada lo suficiente. Y de este modo, mientras lo arreglamos, continuamos en el proceso, hasta que uno escucha una pequeña voz en su interior que le dice: «Vale, ¡ya basta! ¡Es suficiente!». Es el momento indicado para soltar eso por completo, aunque nos quedemos algo insatisfechos. Tenemos que aprender a convivir con nuestras limitaciones, equivocaciones o errores no como si fueran algo extraño, inadecuado o criticable, sino como algo habitual, esperable y que formará parte de todos los procesos que desarrollemos. Si lo entendemos así, viviremos más tranquilos cuando aparezcan «nuestras amigas» las equivocaciones, que también forman parte de la vida.

22. La comunicación

Las palabras son utilizadas en la comunicación como un medio de transmisión de información con los demás. La comunicación es un factor esencial para un buen entendimiento mutuo en todas las relaciones, pero no es fácil mantenerla. Sin embargo, hay factores que nos ayudan a facilitarla. Uno de ellos es la comprensión real de lo que los otros nos quieren decir. Esto parece algo lógico y sin mayor importancia, pero es crucial. Estar atentos mientras nos escuchamos mutuamente, intentando establecer una interlocución fluida entre ambos, es importante para una buena comunicación. Fomenta no solo la comprensión del significado verbal de lo que nos están diciendo, es decir, no solo la comunicación mutua, sino también la satisfacción íntima de sentirnos bien conectados. Pequeños detalles como confirmar con nuestras respuestas verbales y no verbales que estamos escuchando activamente y que seguimos con interés la conversación del otro no son algo baladí y, además, suelen resultar muy efectivos.

Si reaccionamos con ligereza ante lo que se nos verbaliza (sin permitirnos aclaraciones, preguntas, repetición de la información que no acabamos de procesar, etc.), perdemos la oportunidad y riqueza del encuentro, al que no se le ha dado ni tiempo ni espacio suficientes para aclarar el significado real de lo dicho por ambas partes (suele costarnos preguntar abiertamente lo que se desea saber, incluso sobre temas delicados, sin tapujos y con confianza). Es como si por no preguntar, no aclarar algo que no se comprende o no intervenir de forma activa para ampliar la información que recibimos, el «niño pequeño» que todos llevamos dentro aún no pudiera soltarse del lazo dual que mantiene con la madre. Un vínculo demasiado estrecho que le supone una intensa dependencia que lo relega a un segundo plano, más pasivo, ya que aún no se atreve a pronunciarse o «a mostrarse» crecido. Quizá la causa haya que buscarla en el temor a fallar a una posible lealtad materna mal interpretada (que, inconscientemente, aún lo quiere «pequeño») o en las ganas de permanecer unido al «deseo materno», como si eso significara tener que renunciar o relegar el propio deseo a un segundo plano. Cuando uno se sienta más empoderado, será capaz de atreverse a salir de esa especie de claustro o encierro inconsciente en el que se halla inmerso, y también será capaz de poder expresar lo que piensa y siente de forma manifiesta y explícita (permitirá que ese «niño recluido» en el deseo del otro pueda crecer).

La buena comprensión del significado de lo que alguien expresa verbalmente se evidencia en la forma en que respondemos. Es importante constatar si hemos entendido lo que nos ha transmitido, ya que a veces damos por sentado lo que una persona nos dice, sin más, sin darnos espacio suficiente para saber si lo hemos comprendido bien. Este es uno de los principales motivos de que se produzcan malentendidos («creí que querías decir...»; «pensé que te referías a...»; «es que no entendí bien lo que me decías...», etc.). Algunas de las dificultades que suceden en toda comunicación se reflejan de alguna forma en las siguientes frases: «Lo que yo entiendo a mi manera sobre lo que el otro me está diciendo», «puedo imaginar lo que desearía que el otro me dijera», «lo que el otro cree que me ha explicado, y que está suficientemente claro, no lo está para mí», «la insuficiente atención que presto a lo que me dice», «lo que yo me imagino que me dice y que puede tergiversar el significado de lo dicho realmente por el otro», «quizá me quedo anclado a una sola parte de su discurso», etc. Y si no podemos comprender bien lo que nos estamos diciendo, *a posteriori* tendremos seguramente incomprensión, desconcierto y malentendidos, que nos dejarán un mal sabor emocional.

A continuación, me detendré en algunas señales que intervienen en la comunicación con el otro cuando nos relacionamos, y que muchas veces nos pasan desapercibidas. No ser demasiado intuitivos para captarlas impide que nos dispongamos mejor para el intercambio. Detectar esas señales nos permitiría modificar sobre la marcha el tono de la relación con el otro:

- El incremento de una excesiva intensidad en la voz al hablar puede implicar la necesidad de que a uno se le tenga más en cuenta, se le preste más atención o también una posible violencia verbal (un aumento general del tono puede indicar una fuerte implicación emocional).

- Utilizar afirmaciones demasiado enfáticas cuando se habla supone la existencia de unas referencias rotundas como certezas absolutas («esto a ti no te gusta»; «no entiendes nada»; «tú no sabes interpretarlo bien»; «nunca lo has hecho»; «él siempre es así»; «nunca me hace caso»; «ella nunca me ha querido»; «siempre haces lo mismo»). «Nunca» y «siempre» suelen resultar excesivos en la relación. Adquieren tintes paralizadores al implicar poco espacio para poder movernos, e incluso llegan a transmitir la sensación de no disponer prácticamente de la posibilidad de cambiar. Sin darnos cuenta, cobran una potencia de dureza inflexible que anula la oportunidad de que se produzca cualquier intercambio, diálogo o interacción entre las personas, así como también de ruptura de la capacidad para que podamos continuar pensando. Es decir, impiden un proceso de continuidad en la comunicación con el otro, ya que se supone que no hay nada más que hablar; «¡esto es así y punto!» responde a la creencia de un pensamiento único.

De alguna manera, estas palabras determinantes se entienden como si el tiempo se detuviera en un significado inamovible. Sin darnos cuenta, traducen la existencia de guiones estándar anclados o enraizados en nuestra mente, en los cuales no es posible dejar entrar ninguna otra información o indagación nueva, diferente o discrepante. Así pues, la comunicación puede quedar frenada y limitar las posibilidades para poder aprender de la experiencia.

En cambio, la capacidad de escuchar diferentes puntos de vista, así como de ponernos en la piel del otro, permite la empatía y el reconocimiento de quien tenemos delante y sirve para no quedarnos atrincherados en los propios puntos de vista.

- Siempre resulta oportuno esperar un poco para encontrar un espacio en el relato ajeno (quizá cuando el otro realiza una pausa verbal), con el fin de participar en lo que nos dice. Hablar simultáneamente o interrumpir el discurso del que está hablando corta la sintonía mantenida.

- Hacer referencia o poner énfasis en la existencia de un proyecto vital o en planes y actividades compartidos con el otro, ya sean a nivel familiar, de amistad, de trayectoria formativa o laboral, refuerza la vinculación. Suelen ser frases fortificantes del tipo: «acostumbramos a vernos cada 15 días», «solemos tener reunión el primer viernes de cada mes», «es tradición reunirnos toda la familia paterna una vez al año», «cada verano celebramos una paella con los amigos», «vienen a visitarnos en agosto», «le suelo regalar la mona de Pascua con un detalle personal», «comemos juntos cada miércoles», «acostumbra a venir los viernes y la acompaño en autobús a la escuela», «es tradición regalar un libro por San Jordi a cada uno de los míos», etc. (¡unos rituales que resultan muy gratos para todos!).

- Las expresiones que incluyen los tres tiempos verbales (presente, pasado y futuro) en el discurso con el otro («estoy contigo», «estuvimos juntos hace dos años», «podremos repetir el viaje») incrementan nuestra perspectiva acerca de la consistencia de la relación (ya que aportan una mayor profundidad al vínculo establecido).

- La ironía, bien aplicada, implica poner distancia y rebajar la dureza de algo que ha sucedido, por lo que puede contribuir a relajar situaciones tensas, excesivamente serias o agresivas. El humor permite dejar aflorar o sacar a la luz de forma graciosa y expresiva aquellas áreas y fantasías de nuestra persona que se reprimen por ser consideradas inapropiadas o dañinas, con la consiguiente y similar reacción de los demás, en coincidencia con nosotros. Todas las personas necesitamos reprimir nuestros instintos para poder mantener una vida social sana que preserve a los demás de esto, y el humor ayuda a liberarlos parcialmente. Se dice que nos permite ver lo irracional a través de lo que parece racional. Refuerza nuestro instinto de conservación y preserva nuestra salud espiritual. Gracias a él, las vicisitudes de la existencia devienen más soportables. Además, facilita el acceso al inconsciente, al predisponer a las personas a una actitud desdramatizadora y abierta, tanto en lo referente a la realidad del exterior como a nuestra realidad interior. Y la energía que se libera suele ser, por lo general, una fuente de placer. Oscar Wilde aportaba su ironía alegando que la vida es demasiado importante como para tomársela en serio, ¡y, es cierto!

- La repetición, por nuestra parte, de una misma palabra o del mismo grupo de palabras que alguien utiliza cuando nos habla contribuye a reforzar la sintonía establecida con el otro al mostrar que se le ha entendido y que, a su vez, conectamos de forma recíproca y estrecha con él («tal y como dijiste»; «según apuntas»; etc.).

- El uso del condicional en los verbos (*sucedería, sería, podría,* etc.), para sustituir afirmaciones categóricas tipo etiqueta («siempre sucede igual»; «pasa lo mismo»; «siempre te comportas así»), contribuye a rebajar la dureza o severidad sobre aquello que se formula y abre un horizonte más amplio de posibilidades.

• La utilización de expresiones que significan duda («según creo recordar»; «me parece que»; «puede que», etc.) también sirve para poner distancia y hacer que aquello sobre lo que se habla no quede demasiado estático o inamovible.

En definitiva, aparte de determinadas consignas que en cierto modo pueden resultarnos útiles, lo que en el fondo resulta plenamente satisfactorio a nivel comunicativo, se trata de tener constancia de que el otro está ahí, a mi lado, al unísono conmigo, y de que nos escuchamos el uno al otro.

Otras formas de comunicación

Reunirnos con los demás nos produce una sensación de bienestar, un sentimiento de compañía, una liberación de la ansiedad natural y existencial humana. En la era digital, con la distancia personal que ello supone, la presencia directa representa un valor en alza. La conexión establecida produce una sensación de engrandecimiento y compenetración con los otros que nos refuerza a la hora de comunicarnos de este modo y de disfrutar con ello. Un rostro expresivo tiene efectos reorganizadores y vivificadores en los demás. Se dice que cuando sonreímos, sobre todo si la sonrisa es sentida de verdad, se produce un torrente de neuropéptidos en el cerebro (a través de la liberación de endorfinas, dopamina y serotonina), y el resultado es que mejora el sistema inmunitario, se reducen el sufrimiento y el estrés y uno se siente más feliz.

El lenguaje que utilizamos influye en la forma de pensar y de hablar y facilita o no que entendamos a los demás; es la superficie de la comunicación y en ella se transmiten estados emocionales. Así, se pronuncian con ritmo variaciones de volumen y tono, y a su vez, y lo más importante de todo, se comunican y traducen estados de la mente, algo que resulta esencial. Sobre esta base se instala la información a través de las palabras (aunque no es la parte fundamental y más profunda de la comunicación).

Todos tenemos una tendencia inconsciente a sincronizarnos emocionalmente con los demás, con mayor o menor éxito, según nuestra capacidad y destreza. Esto permite la conexión directa entre el inconsciente de una persona y el de otra. A veces incluso llegamos a entendernos mejor que con las palabras: «con solo ver tu cara entiendo todo»; «hablaba con una voz agria, irritante y chillona», «notaba que estaba enfadado, cabizbajo y apenas podía escucharlo», «se le veía abatido, no miraba a los ojos, tenía la voz flojita». Las respuestas escuetas («sí», «no», «bien», «mal», «bueno») se pueden entender como una forma concreta de no dar espacio para ampliar la comunicación en ese momento; uno la frena y está a la defensiva, en cierto modo, como medida de autoprotección. En este sentido, algunos expertos han estudiado la importancia que tienen los aspectos no verbales en la comunicación, relacionados con otra forma de «comunicación musical» en ellos. Son los denominados «parámetros musicales paralingüísticos de la comunicación», que nos hablan de canales vitales que transmiten diferentes estados emocionales e interpersonales. Además de canales como el espejo facial y corporal, con sus gestos específicos, hay que destacar también las características lingüísticas musicales de la voz y de lo que se expresa en sus manifestaciones verbales.

La sintonía acústica es esencial en cualquier relación, ya sea entre padres e hijos, parejas, amigos, etc., según se conecte más o menos, o no, con el tono del otro. Podemos apreciarlo en la modulación de la voz, con o sin los matices asociados. Hay palabras que resultan acariciantes o ariscas en función de la melodía y envoltura, el timbre o la resonancia, el ritmo (rápido, lento, acelerado o enlentecido) y la dinámica del lenguaje. De hecho, muchas veces un silencio puede ser muy significativo. Estados emocionales como, por ejemplo, alegría, excitación, ira, ansiedad y depresión suelen poseer unas características musicales específicas. Así, la depresión, la tristeza, la desesperación o la decepción tienden a representarse con un tono más bajo y monótono, con menor afinación y con una dinámica más suave o un ritmo más lento. En cambio, la alegría se suele transmitir con tonos melódicos y cantados.

Cuando hablamos con el otro, si estamos vinculados a nivel emocional, lo que decimos tiene una acústica fluida, sin tensión ni constricción, sostenida con una respiración profunda constante y un ritmo acompasado. En general, hay cierta igualdad en la atención entre las personas que hablan entre sí, resultando fácil tomar el turno de palabra a través de la pausa que surge y que indica que puede ser el momento para alentar al otro a continuar con la comunicación. Esta puede manifestarse por medio de una expresión abierta, un gesto receptivo o expresiones ocasionales del tipo «hum», «sí» o «ah», murmuraciones sincronizadas en sintonía melódica y acústica con el otro que indican que la comunicación mutua disfruta de lo más imprevisto o incierto del otro (que nunca conocemos de antemano), así como de la espontaneidad e improvisación creativa que se producen en la relación.

A veces deseamos sosegar al otro cuando captamos su posible ansiedad o disgusto por los matices disonantes de su voz o su respiración, que se nota superficial o entrecortada. Entonces podemos estar en condiciones de mostrarle simpatía y receptividad al tratar de modularlo emocionalmente de manera intuitiva mediante un tono verbal descendente y pausado que suele resultar tranquilizador (una imagen similar a lo que hacíamos al coger en brazos a nuestros bebés). También es posible contribuir a la calma con nuestra respiración tranquila, lenta y profunda, o con serenos y suaves deslizamientos vocales de imitación (de ahí la relevancia de las «neuronas espejo», tan esenciales en los primeros momentos de la vida, cuando captamos que hay alguien importante que es capaz de intuir nuestras necesidades y cuidarnos, y le devolvemos la sonrisa).

En cierto modo, la armonía en la comunicación con el otro se basa en la capacidad creativa y de improvisación que a la hora de expresarnos nos lleva a ser espontáneos con lo que surge en la conversación. Simultáneamente, indica la paulatina inclusión del otro mediante una postura abierta, una mirada que engloba a ambos y que los hace intervenir por turnos gracias a algún tipo de movimiento realizado para invitar al otro a hablar y a dar su perspectiva, mientras se espera pacientemente a que surja algo nuevo en el intercambio. Es diferente de lo que se prepara o se piensa con antelación, ya que, incluso tal vez sin darnos cuenta, estamos siempre a la defensiva y otorgando poca receptividad a lo nuevo que va surgiendo. En el intercambio verbal espontáneo con el otro, en cambio, tienen gran protagonismo la sensibilidad y la fluidez. Por ello es importante que seamos conscientes de su significado con el fin de no coartar nuestro diálogo con el otro (y esto cobra aún mayor significación cuando nos comunicamos con nuestros niños, menos experimentados en el lenguaje verbal).

UNA REFLEXIÓN DE DESPEDIDA

Los seres humanos buscamos una sociedad lo más integradora posible. Y para ello necesitamos acercarnos y crear lazos a través de los valores socioculturales, que constituyen las raíces de nuestra propia identidad como grupo y resultan esenciales. Sin embargo, estamos constantemente amenazados por la aparición de una manera de funcionar primitiva e impulsiva (que todos poseemos) y que, muy a menudo, nos lleva a situaciones destructivas de mayor o menor intensidad e importancia. Pero la violencia intrínseca de nuestra propia naturaleza humana no significa que tengamos que resignarnos a acatar un determinado destino frente al cual no podamos hacer nada. Coincido plenamente con la psicoanalista Eileen Wieland cuando, en referencia a la guerra, recomienda incrementar la necesidad de disponer de herramientas para analizar e intervenir en los conflictos relacionales tratando de recurrir a soluciones negociadas. Para ello, como para todos los problemas humanos, resultará clave prestar atención al proceso y a los factores que subyacen tras el conflicto (intentando agotar todas las vías posibles para gestionarlo, regularlo, resolverlo y prevenirlo). En el camino de la vida, todos podemos tratar de moderar y controlar nuestro instinto natural más destructivo, Thánatos. Pero ¿de qué manera?

A través de Eros, es decir, con el Amor. El objetivo primordial a promover es tratar de mejorar y aumentar la potencia de su fuerza, que nos puede ayudar a contrarrestar y a transformar el aspecto humano más primario. En la sociedad de hoy en día debemos estimular más el Ánima (el espíritu, considerado algo universal), es decir, «el principio que da vida», lo que define a todo ser humano. Él es el que nos inspira, nos impulsa y nos aporta la fuerza vital que nos hace falta, como el músico que está ineludiblemente unido a su instrumento.

El Amor empuja al ser humano a cooperar, a solidarizarnos y a cohesionarnos como grupo, estimulando intereses compartidos que son esenciales, provocando que nos sintamos libres, potenciando la cultura, la paz y el bienestar con nosotros mismos y fomentando todos los sentimientos y las actitudes que lo refuercen en todas las edades de la vida. Por medio de Eros, el instinto humano se inclina hacia la educación, la empatía, el reconocimiento del otro en su diversidad y en la responsabilidad de nuestros actos.

Hemos de confiar plenamente en que aquellas situaciones en las que exista un funcionamiento dañino sean contrarrestadas con Amor. Primero, hacia nosotros mismos y, después, también hacia los demás (si no estamos bien con nosotros mismos, no podremos estarlo con los otros).

Es importante que, desde nuestro lugar específico como abuelos (al que hemos llegado por nuestra experiencia vital), podamos contribuir a estimular las mentes de nuestros nietos para que sean abiertas y libres, inclinadas a buscar la calidad humana, la verdad y su autenticidad como personas. Enseñarles a indagar lo que trasciende de lo concreto, lo que pone distancia y lo que relativiza las cosas, con la palabra como medio de comunicarnos entre todos. Poder revelarles lo que nos ha resultado útil y beneficioso en la vida, con nuestras luces, pero también, y sin demasiado rubor, con nuestras sombras y limitaciones personales, que nos hacen más humanos.

Pero más allá de los abuelos, esto es algo necesario en cualquier ámbito y etapa de la vida en que nos encontremos (ya sea como padres, hijos, hermanos, amigos, familiares, colegas, nietos, etc.). Debemos efectuar un trabajo personal y continuado con la firme creencia en que podemos generar cambios tanto en nuestras vidas particulares como en la Vida con mayúsculas y en la sociedad en general. Sin esperanza no se logra nada, pero esta tiene que estar llena de responsabilidad, compromiso y actos a su servicio. Sin embargo, una capacidad positiva que sea amorosa no viene dada sin más y porque sí. El amor, más que «entendido», necesita ser «demostrado».

Escribí este libro en una etapa avanzada de mi vida y desde la experiencia y el amor. Deseo profundamente que mis palabras y reflexiones sirvan como testimonio y legado emocional a las nuevas generaciones, a los jóvenes y no tan jóvenes, a la vez que como estímulo para caminar por la vida sin miedo. Que compartir algunas de mis vivencias, que son comunes a todos, les haga sentir que no están solos y los aliente a no perder la esperanza y la fuerza de seguir siempre adelante a pesar de las dificultades, sacando lo mejor de nosotros mismos.

El historiador neerlandés Rutger Bregman cuenta una anécdota en su obra *Humankind: A Hopeful History*. Se trata de una conversación entre un abuelo y su nieto. El anciano le dice que todos llevamos dentro dos lobos en lucha: uno bueno y otro malo. Entonces el nieto le pregunta: «¿cuál es el lobo que finalmente gana, abuelo?». A lo que responde sabiamente el anciano: «¡Aquel al que más alimentemos!».